www.tredition.de

AF196038

Frauen in Spitzenpositionen sind in Deutschland noch immer selten anzutreffen. Woran mag das liegen? Dieser Frage geht dieses Buch nach und kommt, ganz entgegen zum heutigen Gender-Mainstreaming zum Ergebnis, dass die Biologie eine wesentliche Rolle dabei spielt. Frauen und Männer verhalten sich unterschiedlich, weil auch ihre Biologie unterschiedlich ist. Eine Auswahl der Männertypen wird hierbei näher untersucht und Handlungsempfehlungen gegeben.

Wenn eine Frau um die Biologie der Männer weiß und ihr Verhalten richtig deutet, kann sie wesentlich einfacher mit den „Herren der Schöfpung" umgehen und ihren Karriereweg souveräner gehen. Dieses Buch soll dazu als Ratgeber dienen.

Luitgard Lemmer

Spitzenmänner sind gut - Spitzenfrauen besser!

Wie die Biologie männliches und weibliches Verhalten in der Berufswelt steuert und warum weibliches Verhalten für die Unternehmen überlebenswichtig ist

www.tredition.de

Verlag und Druck:
tredition GmbH, Halenreie 40-44, 22359 Hamburg

ISBN
Paperback: 978-3-347-08331-8
Hardcover: 978-3-347-08332-5
e-Book: 978-3-347-08333-2

Mein Dank gilt meinen Freundinnen und Kolleginnen, insbesondere Ina und Ute, die mich an ihren Erfahrungen teilhaben ließen und so viele Beispiele aus dem Leben beigesteuert haben. Diese habe ich mir zu eigen gemacht, um eine bessere Lesbarkeit des Textes herzustellen. Ebenso danke ich meiner Freundin und Lektorin Karin für ihre kritische Durchsicht des Buches und die vielen Anregungen zur besseren Lesbarkeit.

Inhalt

I. Genderforschung vernachlässigt biologische Grundlagen

185 Lehrstühle an deutschen Universitäten forschen zu den Unterschieden zwischen Frauen und Männern. Dagegen gibt es 22 Fakultäten für Pharmazie, 38 Fakultäten für Humanmedizin und 5 Fakultäten für Veterinärmedizin. Daran wird deutlich, dass heute den Hochschulen Genderforschung wichtiger ist, als Humanmedizin und Veterinärmedizin oder der Nachwuchs an Apothekerinnen und Apothekern.

Allerdings liegt der Fokus der „Genderstudies" auf den soziologischen und kulturell bedingten Ursachen der Unterschiede zwischen Frau und Mann. Dies erinnert mich an die sozialpsychiatrischen Forschungen in den 70er Jahren des letzten Jahrhunderts. Alle „abnormen" Verhaltensweisen wurden mit der unterschiedlichen Sozialisation, den verschiedenen kulturellen und individuellen Erfahrungen, die jeder Mensch im Laufe seines Lebens macht, erklärt. Inzwischen hat sich jedoch ein bio-psycho-soziales Krankheitsverständnis und auch Menschenbild durchgesetzt. Es ist anerkannt und durch wissenschaftliche Forschungsergebnisse belegt, dass die Biologie so manches unterschiedliche Verhalten von Frauen und Männern direkt steuert. Leider hat sich diese Erkenntnis noch nicht bis in die heute übliche Genderforschung durchgesetzt. Dies ist meines Erachtens ein Fehler. Alle Menschen sind eben in erster Linie biologische Wesen, gehören zur Gattung der Säugetiere, genauer gesagt der Trockennasenaffen, und daher müssen die biologischen Grundlagen des menschlichen Verhaltens – in seiner weiblichen und männlichen Erscheinungsform – in die Genderforschung einbezogen werden. Es gibt dazu inzwischen Forschungsergebnisse, die uns aufhorchen lassen sollten.

Dieses Buch versucht auf der Basis von praktischen Erfahrungen aus dem Berufsleben die dahinter liegenden, auf den biologischen Grundlagen stehenden unterschiedlichen Verhaltensweisen und deren Bewertungen von Frauen und Männern plastisch darzustellen und so konkret begreifbar zu machen. Insofern ist dieses Buch auch eine Handreichung für Frauen, die sich aufmachen wollen, ihren eigenen Karriereweg zu gehen und dabei die Unterschiede der weiblichen und männlichen Verhaltensweisen erkennen und nicht in Fallen tappen wollen. Immerhin sind erfolgreiche Frauen in hohen beruflichen Positionen gegenüber der entsprechenden Männeranzahl immer noch in der Minderzahl. Das Buch ist auch eine Anregung für die genaue Beobachtung und Umgestaltung der Gesellschaft hin zu mehr Gleichberechtigung und einem einfacherem Zusammenarbeiten von Frauen und Männern im beruflichen Zusammenhang.

Bitte erlauben Sie mir, dass ich dieses Buch in der ganz persönlichen Ich-Form schreibe. Es sind Geschichten, die sich so oder ähnlich in meinem Leben und dem meiner Freundinnen ereignet haben und die sich wahrscheinlich auch in Zukunft im Leben anderer Frauen ereignen werden.

Auch nach 70 Jahren Grundgesetz und dessen rechtlicher Gleichstellung von Mann und Frau ist die Gleichberechtigung und vor allem die selbstverständliche Akzeptanz von Frauen in Führungspositionen in Deutschland – und wahrscheinlich auch in anderen Ländern dieser Welt – längst noch nicht gegeben. Immer wieder stoßen Frauen auf mehr und andere Hindernisse als Männer dies tun. Wie kann Frau diese oft subtilen Hindernisse erkennen und umgehen oder überwinden? Leistung allein reicht dafür meist nicht aus. Und wie kann Frau dann mit der neuen Position und den damit verbundenen Anfeindungen und Intrigen leben? Davon handelt dieses Buch.

Nach über 25 Jahren Führungspositionen im deutschen Gesundheitswesen kann ich ein Lied von machohaft oder subtil vorgehenden Männern singen, die gegen leistungsstarke Frauen gewettert, intrigiert, Gerüchte gestreut oder frech gelogen haben. Dass dies nicht nur im Gesundheitswesen so ist, zeigt der Fall von Valerie Holsboer, die sich als erste weibliche Vorständin der Bundesagentur für Arbeit gegen einen männlichen, offensichtlichen Egomanen im Verwaltungsrat wehren musste[1]. Die Mitarbeiterinnen und Mitarbeiter standen hinter ihr, aber das half ihr nicht. Es gilt immer noch in diesen Hierarchieebenen das männliche Denken: nur die Anerkennung von Männern durch Männer zählt; Frauen zählen nicht.

Meine Freundinnen und ich haben in unserem Berufsleben meist in Männergesichter geblickt. Es sind uns als jungen

Frauen und auch heute noch als älteren Frauen immer wieder ähnliche männliche Charaktere begegnet, die mit Frauen in Führungspositionen besondere Schwierigkeiten hatten. Vom Erkennen dieser Charaktere und dem möglichst schadensarmen Umgang mit ihnen erzählt dieses Buch. Dabei habe ich versucht, ein möglichst rundes Bild des männlichen Verhaltens und seiner biologischen Gründe zu zeichnen. Denn es gibt meines Erachtens biologische Grundlagen für das unterschiedliche Verhalten von Frauen und Männern, die - immer noch? - stark wirken.

Allerdings bin ich nicht so naiv zu glauben, dass diese biologischen Grundlagen quasi festgelegt und unveränderbar sind. Vielmehr wurden sie in der Vergangenheit von Frauen und Männer auch kulturell umgeformt und erscheinen heute auf den ersten Blick als ein Ausdruck der Prägung der Geschlechter durch die patriarchalische Gesellschaft. Ich will und kann nicht erklären, wer den größeren Einfluss auf das Verhalten der unterschiedlichen Geschlechter hat: Gesellschaft oder Biologie. Letztlich ist diese Frage auch müßig zu beantworten. Wir Spitzenfrauen müssen mit der gegebenen Realität umgehen und sie bestenfalls für die Zukunft ändern. Und das können wir, davon bin ich überzeugt! Aber wir müssen dies auch selbst in die Hand nehmen. Die heute an der Macht sitzenden Männer werden diese Macht nicht freiwillig aufgeben, weil sie so nett sind oder ein Herz für die Gleichberechtigung von Frauen haben. Das ist meiner Meinung nach eine Illusion. Vielmehr geht es darum, die verdeckt laufenden Macht-

spiele zu erkennen, für beide Geschlechter hörbar zu benennen und letztlich einen neuen kulturellen Weg der Zusammenarbeit zu finden, mit der beide Geschlechter
gleichberechtigt leben können. Dies wird nicht nur von einer Seite aus zu realisieren sein. Aber die Frauen müssen
damit anfangen – jetzt!

II. Frauen erobern Führungspositionen - das können doch keine richtigen Frauen sein!?

1. Ein paar Zahlen aus Deutschland

Erlauben Sie mir, dass ich zunächst die „Vogelperspektive" einnehme und Ihnen einige Zahlen präsentiere. Frau muss ja wissen, auf welches Terrain sie sich begibt.

Derzeit sind in Deutschland 54% der Erwerbstätigen Männer und 46% Frauen. Bei den Hochschulabsolventen verteilt sich das Geschlechterverhältnis fast gleich (49% Männer, 51% Frauen)[2]. Allerdings setzt sich dieses Verhältnis überhaupt nicht bei der Besetzung der Führungspositionen allgemein (69% Männer, 31% Frauen) und schon gar nicht im mittleren Management (85% Männer, 15% Frauen) fort. So erstaunt es nicht, dass auf Vorstandsebene nur 3% Frauen und in den Aufsichtsräten nur 10% Frauen anzutreffen sind. Schaut man genauer hin, so vertreten die Frauen in den Aufsichtsräten hauptsächlich die Arbeitnehmer, wurden also von den Betriebräten und Gewerkschaften entsandt. Kaum eine Frau wurde von der Arbeitgeberseite benannt. Damit liegt Deutschland bei den Frauen in allgemeinen Leitungspositionen unter dem EU-Durchschnitt auf Rang 11[3].

Woran liegt es also, dass wir Frauen so unterrepräsentiert sind? Sind wir Frauen zu unqualifiziert und/oder zu schwach, um einen Vorstands- oder Aufsichtsratsposten zu bekleiden? Wenn dem nicht so ist, woran liegt es dann, dass so wenig „passende" Frauen gefunden werden?

Bereits im März 2010 hat die Sinus Sociovision GmbH, Heidelberg unter der Projektleitung von Dr. Carsten Wippermann im Auftrag des Bundesfamilienministeriums eine Untersuchung zu Frauen in Führungspositionen durchgeführt[4,5]. Dazu wurden im Rahmen einer Repräsentativstudie 511 Frauen und Männer in Führungspositionen befragt. Mittels qualitativen Einzelinterviews wurden daraus 40 Männer und 10 Frauen in deutschen Vorständen befragt. Da die Ergebnisse nicht ins Weltbild der damaligen Frauenministerin passten, wurden sie zunächst unter Verschluss gehalten. Ans Licht gekommen sind die Ergebnisse dann aber doch noch.

III. Die Denkmuster der heutigen männlichen Entscheider

1. Was wollen die Herren in den Vorständen und Aufsichtsräten?

Politisch korrekt wollen diese Männer auf jeden Fall Frauen in Führungspositionen – natürlich auch in den Vorständen und Aufsichtsräten! Aber leider finden sie einfach keine geeigneten Kandidatinnen! So ist die Realität, liebe Frauen: wir Männer würden ja gerne, aber es ist keine Frau für diese so wichtige Position wirklich geeignet. Das ist sehr schade! So klingt es aus den Mündern der mächtigen Männer.

Ich habe mich immer wieder gefragt, ob das tatsächlich so ist, oder ob eher ein „blinder Fleck" bei diesen Herren vorhanden ist, der sie einfach die guten Frauen nicht erkennen lässt. Dabei unterstelle ich diesen Herren, dass sie wirklich Frauen in Führungspositionen wollen. Die anderen Herren mit den reinen Lippenbekenntnissen gibt es natürlich auch. Doch davon später.

Die oben genannte Studie hat verschiedene Denkmuster entdeckt. Es sind vielfach verschränkte Argumente, die die „Gläserne Decke" - also die Hierarchieebene, die Frauen nicht durchbrechen können - verfestigen. Diese Argumente stelle ich Ihnen vor und fasse sie zu verschiedenen „Mentalitätsmustern" zusammen.

2. Erstes Mentalitätsmuster: Konservative Exklusion

Die meisten der Vorstände und Aufsichtsräte sind älter als 50 Jahre, gehören also mindestens zur Generation der Babyboomer, die ungefähr zwischen 1955 und 1965 geboren wurden. Oft sind sie noch älter und wurden als Nachkriegskinder in den Jahrgängen bis ca. 1955 geboren und werden als „Traditionals" bezeichnet. Die allermeisten dieser Männer sind konservativ. Sie wurden in einer Familie erzogen, in der der Mann das Geld verdiente und die Frau als Mutter und Ehefrau den Haushalt führte und auch repräsentierte. Diese Ehefrau machte Karriere über ihren Mann. Sie kennen doch den Scherz, dass die Metzgerstochter einen Doktor geheiratet hat und fortan als Frau Doktor angesprochen wurde! Das ist nicht nur Scherz, sondern auch wirkliches Leben. Das damit verbundene Rollenbild der Frau ist bei diesen Männern in den Köpfen und Herzen verankert und zwar so stark, dass sie es selbst nicht mehr als internalisiertes Rollenbild erkennen.

Und dieses Rollenbild hat starke Auswirkungen auf ihre heutigen Personalentscheidungen. Für sie hat eine Führungskraft in einer Vorstandsposition einen solch anstrengenden Job, dass er eine Familie im Hintergrund braucht, die ihn umsorgt, ihn emotional auffängt und seinen physischen und psychischen „Akku" auflädt. Die Verhältnisse müssen geordnet und die Kinder versorgt sein. Die Ehefrau hat für ihren Ehemann da zu sein und ihn zu unterstützen, wo es nur geht. So ist es nicht verwunderlich, dass 54%

dieser Männer zwei und mehr Kinder haben, die von der Ehefrau erzogen werden.

Zu diesem Weltbild passt keine Frau, die für die Karriere auf eigene Kinder verzichtet. Das ist also jemand wie ich: unverheiratet, keine Kinder. Sie wird als „ungeordnet lebende, unberechenbare Einzelkämpferin" wahrgenommen, die keine Sphäre zur Balance und Erholung hat. Kein Wunder, dass diese Frau manchmal so unausgeglichen reagiert, wenn etwas nicht klappt! Diese Frau hat ja nichts anderes in ihrem Leben, als die Arbeit. Sie hat und kennt das wahre Leben mit Ehe und Familie und deren schönen und problematischen Seiten nicht. Im Grunde ist sie wohl zu bemitleiden, wenn sie so allein durchs Leben geht und keinen Ehemann für sich gewinnen konnte!

Eine solche, nicht familiär eingebundene, gar ledige Frau ist eine Exotin. Exoten fallen auf und stehen unter besonderer Beobachtung von anderen Männern und Frauen. Deshalb war es mir immer besonders wichtig, mein Privatleben zu schützen, das sicherlich auf manche Personen meiner Arbeitsumgebung etwas unkonventionell gewirkt hätte. Dieses Vorgehen verursachte aber ein Problem. Eine Führungsfrau ist immer auch öffentlich. Wenn vom privaten Menschen so gar nichts bekannt ist, ist er eine riesige Projektionsfläche. Friedemann Schulz von Thun, der wichtige Kommunikationswissenschaftler der 1970er Jahre, beschreibt dies sehr genau in seinem Buch über Konflikte und Störungen in der Kommunikation[6]. Deshalb ist es wichtig für jede Spitzenfrau, dass sie sich sehr genau überlegt, wie viel ihres Privatlebens sie im beruflichen Umfeld preisgibt. Ich habe im Laufe meiner Karriere gelernt, dass es ohne die Preisgabe von etwas Privatem nicht geht. Andernfalls schießen die Fantasien der Umwelt ungeheuer ins Kraut. Dem kann frau aber relativ einfach entgegenwirken. Unverfängliche Themen sind allgemein bekannte Hobbys, Sport oder Haustiere. Das macht eine Spitzenfrau ganz menschlich und jede bzw. jeder kann sich darunter etwas vorstellen und die Normalität der Person erkennen.

Zu äußerster Vorsicht rate ich jedoch bei der Preisgabe von eigenen Erkrankungen oder denen der Familienangehörigen. Hier sind nur normale Krankheiten, wie ein grippaler Infekt, ein Beinbruch oder eine normale Kinderkrankheit der lieben Kleinen für die Erzählungen geeignet. Sollte es sich um etwas Ernsteres handeln, beachten Sie bitte, welche Rückschlüsse damit auf Ihre berufliche Belastbarkeit oder Ihr moralisches Leben gezogen werden könnten. Sie glauben gar nicht, wie fantasievoll die Menschen sind! Auch Beziehungsprobleme gehören überhaupt nicht in das berufliche Umfeld, so verständnisvoll - und damit verführerisch – insbesondere ein älterer Kollege oder Vorgesetzter auch sein sollte, bei dem frau sich einmal ausweinen könnte! Eine Frau sollte sich ganz klar von einer „Vaterfigur" im Beruf abgrenzen. Selbst wenn frau den älteren Mann nicht als Vaterfigur sieht, ist noch lange nicht klar, ob der ältere Kollege oder Vorgesetzte sich selbst doch als Vaterfigur sieht und damit auch irgendwann mehr Mitspracherechte bei ihr einfordern wird.

Eine Frau ohne eigene Familie – eine Familie würde entsprechend der Denkweise dieser konservativen Männer allerdings die weibliche Karriere verhindern – kennt nur ihren Beruf, für den sie all ihre Zeit und Energie einsetzt. Das ist per se bereits ein Angriff auf die (insbesondere mittelmäßigen) Männer, die ihre Zeit und Kraft ganz natürlich zwischen Beruf und Familie aufteilen wollen bzw. müssen. Hier hat die ledige Karrierefrau schlicht einen Wettbewerbsvorteil gegenüber den familiär gebundenen Männern. Dieser Wettbewerbsvorteil macht ihnen Angst und der Vorteil wird daher diskreditiert und für die Frau in einen persönlichen Nachteil umdefiniert.

Deshalb ist sie so „übermotiviert" und arbeitet sogar noch selbst so manches Strategiepapier aus. Dafür hat man(n) doch seine Leute! Diese Frau kennt die eingespielten Regeln und Logiken der männlichen Vorstände nicht. In den obersten Leitungsgremien wird nicht selbst gearbeitet, sondern delegiert. Macht sie es anders, wird die Frau als „wertvolle Arbeitsbiene" einsortiert und Arbeitsbienen können einfach kein höheres Managementtalent haben. So manches mal hat mich allerdings das Gefühl beschlichen, dass im Grunde diese Vorstände die wichtigen Details zur Erstellung der Strategiepapiere gar nicht nicht mehr kennen. Oder sie brauchen den Ersteller als Sündenbock, falls die Strategie nicht aufgeht. Ich habe erlebt, dass sich der männliche Vorstand eine Strategie zu eigen machte, diese aber dann nicht aufging und er dann mit bedauerndem Unterton verlauten ließ, dass der Ersteller wohl leider nicht gründlich genug bei der Recherche war. Einzig wichtig war dem Vorstand, dass er und sein Name nicht mit der verunglückten Strategie verbunden wurde. Damit wäre sein Ruf beschädigt worden und das ist ein Tabu in der Männerwelt, die sich in ihrer streng hierarchischen Ordnung so sehr von denen der Frauen unterscheidet.

Frauen sind außerdem eine Irritation im „inner circle" der mächtigen Männer. Sie kennt die etablierten Machtrituale nicht, zu denen auch chauvinistische Anzüglichkeiten und die Pflege der persönlichen Beziehungen zu „Seinesgleichen" gehören. Möglicherweise würde sie die Machtrituale durchschauen, nicht akzeptieren und einfach nicht mitspielen. Kurz gesagt: Frauen stören! Außerdem darf sich frau von diesen Männerbeziehungen nicht irreführen lassen. Es sind keine Freundschaften in dem Sinne, wie Frauen Freundschaften pflegen. Dietrich Schwanitz beschreibt dies in seinem Buch „Männer – eine Spezies wird besichtigt"[7] sehr genau. Männer treffen die Wahl ihrer Freunde nach Nützlichkeitserwägungen. Darunter können auch Männer sein, die dem Mann zuvor herbe Verletzungen zugefügt haben. Solche potenten Männer muss man(n) in seine Mannschaft bzw. Seilschaft integrieren, denn es ist ungefährlicher, ihn und damit seinen Macht in den eigenen Reihen zu wissen. In der „Horde" hat Mann gelernt, dass sein persönlicher Status von der Anerkennung der anderen Männer bestimmt wird. Frauen spielen bei der Anerkennung des Mannes innerhalb dieses Hierarchiesystems keine Rolle.

Für Frauen ist ein solches Verhalten sehr ungewöhnlich. Sie definieren ihren Wert über die engen Beziehungen, die sie zu anderen Menschen haben. Meist sind dies wiederum Frauen, mit denen sie über ihr Seelenleben sprechen können, die ihr also auf emotionaler Ebene sympathisch sind. Nach Nützlichkeitserwägungen wählt keine Frau ihre Freundinnen aus. Eine Frau, die eine andere Frau tief verletzt hat, wird von der verletzten Frau niemals in ihre Freundinnengruppe aufgenommen. Frauen schließen keine „Freundschaften" aus Nützlichkeitserwägungen, hier braucht es echte Sympathie.

2.1 Beispiel aus dem Leben

Hierzu eine Anekdote aus dem Leben. Der Vorstand eines mittelständischen Unternehmens bestand aus drei Personen, die alle ältere Herren waren. Sie waren sich im Laufe ihrer Berufslaufbahn immer wieder begegnet und hatten sich zum Teil auch immer wieder einmal beruflich gebraucht. Daher waren sie auch privat in Kontakt. Zu einer Geburtstagsfeier eines Vorstandsmitglieds wurde auch ich als Geschäftsführerin des Unternehmens eingeladen. Alle Herren kamen natürlich jeweils mit Gattin.

Das erste Problem kam schon bei der Sitzordnung: wohin setzt man die einzige Single-Frau? Letztlich durfte ich zwischen zwei Gattinnen Platz nehmen, deren einzige Gesprächsthemen das Wetter und die Enkelkinder waren. Beim Thema Wetter konnte ich gut mithalten, bei den Enkeln aber nur aus der Beobachterrolle. Diese wurde aber von den Großmüttern nicht ernst genommen. Vergnüglicher wurde der Abend für mich erst, als einige weltpolitische Themen zur Sprache kamen und sich eine kleine Diskussion über die Vertrauenswürdigkeit der Geheimdienstinformationen der Amerikaner zum Irak-Krieg entspann. Dazu hatten die Gattinnen nichts zu sagen. Ihren Mienen nach waren sie es aber gewohnt, ihren Ehemännern die Beiträge zu politischen Themen zu überlassen.

Später fragte ich mich, ob es Alternativen gegeben hätte, indem ich z.B. meinen damaligen Lebensgefährten mitgenommen hätte. Damit hätten wir alle Aufmerksamkeit gehabt. Mein Partner wäre einer mehr oder weniger diskreten Befragung in Bezug auf seine eigene berufliche Tätigkeit, seine Vorlieben und Abneigungen und seine Position zu Ehe und Familie unterzogen worden. In den Köpfen der konservativen Vorstände hätten sich die Fragen getürmt: Warum heiraten die beiden nicht? Müssen wir vielleicht doch noch mit Kindern rechnen? Das habe ich meinem Partner und mir gerne erspart. Es hat mich auch geärgert, wenn eine Frau nur mit einem Ehemann unterschwellig als „vollwertig" von diesen konservativen Männern und Frauen angesehen wurde.

3. Zweites Mentalitätsmuster: emanzipierte Grundhaltung – doch chancenlos gegen männliche Machtrituale und gesellschaftliche Rollenbilder

Männer mit diesem Mentalitätsmuster finden sich häufig im mittleren Management, in dem sie auch Führungskolleginnen haben. Diese Männer nehmen für sich eine emanzipierte Grundhaltung in Anspruch und sind für ihre Führungskolleginnen zunächst ganz angenehm im Umgang. Sie sind meist jünger als die konservativen Vorstände. Frau könnte meinen, dass die Frauenbewegung und Emanzipation in den 1970er Jahren tatsächlich etwas bewirkt hat. Aber Vorsicht: diese Männer schätzen die Führungsfrauen auf der Basis ihres eigenen männlich - emanzipierten Rollenbildes ein. Für sie stehen Frauen für die „weichen" Eigenschaften: bessere Sozialkompetenz, größere Empathie. Ihrer Meinung nach fehlt den Frauen die für die Vorstandsebene erforderliche Härte in der Führung. Schließlich geht es dort ausschließlich um harte Zahlen und Fakten!

In den Augen dieser Männer mag es ja sein, dass manche Frauen die für Vorstandspositionen erforderliche Härte besitzen, sie wirken dann aber leider nicht mehr wie richtige Frauen. Wenn sich eine Frau in Verhandlungen nicht vom Gerangel der Platzhirsche erschrecken lässt oder sogar selbst mitkämpft und unnachgiebig in der Sache ist, verliert sie damit an Weiblichkeit und dadurch an Authentizität. Und ohne Authentizität geht es nicht, denn eine Frau muss wie eine Frau aussehen und sich auch so benehmen. In den Augen dieser männlichen Führungskräfte muss eine Frau wie eine Frau reagieren: weiblich - weich. Nutzt frau auch bei den als „männlich" angesehenen Gebieten wie Finanzen oder Informationstechnologie ihre Sachkompetenz, so wird besonders genau hingeschaut, ob denn die Mitarbeiterinnen und Mitarbeiter ihr auch wirklich ohne Murren folgen und keinerlei Beschwerden aus dem Team kommen.

Das ist jedoch insbesondere bei Veränderungsprozessen so gut wie nie der Fall. In Changeprozessen treten ganz natürlich Hindernisse auf. Kein Mensch bzw. kein Mitarbeiter freut sich über die Unsicherheit, die jedem Wandel inne wohnt und er reagiert zumindest zunächst mit Widerstand. Von den Männern mit der emanzipierten Grundhaltung wird dies dann als das Versagen der Führungsfrau wahrgenommen, während die gleiche Mitarbeiterreaktion bei männlichen Vorgesetzten als normale Reaktion interpretiert wird, die aus der starken – männlichen - Führung resultiert.

Übrigens habe ich auch oft erlebt, dass Männer mit dem Mentalitätsmuster der „emanzipierten Grundhaltung" eine typisch weibliche Reaktion auf Komplimente zur Haarfrisur oder Kleidung erwarten: frau soll sich geschmeichelt fühlen und dankbar den Blick senken, selbst bei einem unbeholfenen Kompliment oder unpassender Situation. Auch auf etwaige sexistische Avancen erwarten diese Herren die gleiche Reaktion. Letztlich sitzt frau bei diesem Mentalitätsmuster genauso in der Zwickmühle, wie beim ersten Mentalitätsmuster - wie sie sich auch verhält, so entspricht es nicht den widersprüchlichen Erwartungen dieser Herren.

3.1 Beispiel aus dem Leben

Als ich im mittleren Lebensalter ein Krankenhaus geleitet habe, gab es dort einen Mann in herausgehobener Position, der als äußerst promiskuitiv bekannt war. Leider gab es genügend Frauen, die sich von seiner Stellung und/oder seinem Charme - den er durchaus zeigen konnte

- blenden ließen und ihm zu Willen waren. Allerdings war er als Mann überhaupt nicht mein Typ und er erhielt eine Abfuhr. Damit war in seinen Augen bewiesen, dass ich überhaupt keine richtige Frau sein konnte! Außerdem hatte ich natürlich sein Ego tief gekränkt und er sann auf Rache. Sein Kampf begann und er ließ keine Gelegenheit aus, meine fachliche Unfähigkeit zu beweisen und wenn er dazu einen Fleck in einem nicht ausreichend sauber gewaschenen Bettbezug aus der Krankenhauswäscherei benutzen musste, dem er eine hohe Infektiosität andichtete. Das war natürlich Humbug. Der Hygieniker bescheinigte, dass keine Gefahr von diesem Fleck ausging. Doch dem gesagten Herrn war wichtig, der betriebsinternen Öffentlichkeit zu zeigen, dass ich meinen Verantwortungsbereich nicht im Griff hatte, also den harten Anforderungen der Leitungsposition nicht gewachsen war. Die Schonung, die eine „richtige Frau" durch ihn hätte erringen können, hatte ich ja abgelehnt.

Das hat sich lange vor der Zeit der „#MeToo"- Bewegung ereignet. Damals kam sexuelle Belästigung am Arbeitsplatz in den Augen der Obrigkeit einfach nicht vor. Dazu kam, dass alle meine Vorgesetzten Männer waren und diese insgeheim wahrscheinlich die Potenz des beschriebenen Mannes bewunderten. Also konnte ich auch niemandem den wahren Grund für seine Attacken näher bringen.

In diesen Zeiten hatte eine Frau nur die Möglichkeit, durch einen Arbeitsplatzwechsel die Situation zu beenden.

Das habe ich dann getan. Manchmal ist das Verlassen einer unerträglichen Situation die einzig wirksame und damit richtige Möglichkeit der Problemlösung. Diese eher technisch - vernunftgesteuerte Sichtweise sollte frau immer im Hinterkopf haben und sie genauso gelten lassen, wie ein „Gewinnen" oder „Verlieren". Letztlich ist frau gegenüber sich selbst zu einem wohlwollenden Umgang verpflichtet. Es gibt Situationen, die sich nicht anders lösen lassen. Sie, liebe Leserin, würden gegen eine Naturkatastrophe wie ein Erdbeben auch nicht versuchen zu gewinnen, sondern ganz vernünftig die Region schnellstmöglich verlassen.

3.2 Frauen streben in Führungspositionen?

Bei Männern wird in unserer Gesellschaft das Streben in Führungspositionen als normal angesehen, dagegen wirkt dies bei Frauen suspekt. So eine Frau kann doch nur ein „Mannweib" sein! Oder sie führt in Wirklichkeit unvorteilhafte Motive und Ziele im Schilde, wie zum Beispiel unbedingte Machtausübung, übertriebener Ehrgeiz oder Geldgier. Jedenfalls wirken Frauen, die sich im übertragenen Sinne im Berufsleben auf einen - mehr oder weniger sportlichen - Wettkampf einlassen, unweiblich und schon gar nicht nicht authentisch.

In unserer Gesellschaft sind die für eine richtige Führungskraft erforderlichen Eigenschaften schlicht „männliche" Eigenschaften: Kraft, Entschlossenheit, Durchhaltevermögen, Mut. Fällt Ihnen - egal, ob Frau oder Mann - bei dieser Beschreibung John Wayne oder Brad Pitt ein? Auch in unseren weiblichen Köpfen kommt kaum die Assoziation von Katharine Hepburn oder Angelina Jolie auf. Dass Stärke und Weiblichkeit in Harmonie gehen können, ist leider nicht nur für viele Männer unvorstellbar, auch vielen Frauen ist diese Kombination suspekt. Schafft es eine Frau nach oben, so kann ihr Charme und ihre Weiblichkeit nur eine Täuschung sein.

Vor Kurzem habe ich einen kurzen Krimi im Fernsehen gesehen: „Miss Fishers Kriminalfälle". Darin löst eine alleinstehende, gut aussehende und offensichtlich begüterte Frau in den 1920er Jahren in Australien Kriminalfälle auf intelligente und zielstrebige Weise. Die zu lösenden Fälle stehen anderen Krimis in Nichts nach. Dennoch ist dies eine der wenigen Frauen in unseren Fernsehkrimis, die bei der Verfolgungsjagd die Verbrecher nicht einholen, nicht schießen können usw. Nur Miss Marple war bisher klug und unerschrocken genug, Kriminalfälle selbständig durch Intelligenz und Mut zu lösen. Allerdings musste sie dann auch aussehen, wie Margaret Rutherford sie dargestellt hat: einer englischen Bulldogge ähnlich. Vielleicht verändert sich derzeit in den weiblichen und männlichen Köpfen doch etwas. Dazu kann auch beitragen, dass heute mehr Frauen als Männer einen Universitätsabschluss machen. Irgendwann müssten damit mehr Frauen als Männer für Spitzenfunktionen zur Verfügung stehen.

3.3 Margaret Thatcher

Der ehemaligen Premierministerin von Großbritannien wird folgender Ausspruch nachgesagt: „Möchten Sie, dass über ein Problem gesprochen wird? Dann geben Sie es einem Mann. Möchten Sie, dass ein Problem gelöst wird? Dann geben Sie es einer Frau." Sie hatte wohl einschlägige Erfahrungen mit den Männern in ihrer konservativen Partei und ist nicht umsonst als „Eiserne Lady" in die Politikgeschichte eingegangen. Letztlich war ihr als Frau wichtig, dass ein Problem tatsächlich gelöst wurde. Das Interesse an der von ihnen bearbeiteten Sache ist bei den meisten Frauen vorherrschend. So werden auch Berufe ergriffen, die wahrlich nicht besonders gut bezahlt werden: Krankenschwester, Erzieherin oder Frisörin. Es ist das Interesse am Gegenstand der Arbeit, das den Frauen viel bedeutet und sie unschöne Begleiterscheinungen hinnehmen lässt. Ihr persönliches Wohlergehen, ihre Karriere sehen sie dagegen als zweitrangig an.

Bei Männern im Top-Management ist der Vorrang persönlicher Interessen normal und sogar mittelfristig karrierefördernd. Um welche Sache es geht, welches Problem dabei gelöst werden muss, ist im Grunde einerlei. Man(n) muss an Macht interessiert sein und ein Gespür dafür haben. Frauen können oder wollen dies nicht, weil sie wirklich an der Sache interessiert sind. Das wurde am Schicksal der Vorständin der Bundesagentur für Arbeit sehr deutlich. Sie erzielte sehr gute Arbeitsergebnisse und führte einen seit sieben Jahren schwelenden Konflikt zwischen Krankenkassen, Rentenversicherung und Bundesagentur für Arbeit zu einem guten Ende. Doch gute Arbeit und gute Teamführung reichte nicht aus. Sie wurde inzwischen vom männlichen Aufsichtsrat gefeuert. Meiner Meinung nach war ihm diese Art des Erfolgs - nämlich sich einer Sache, einem Problem klug anzunehmen und es zu lösen und dabei auch noch die Mitarbeiterinnen und Mitarbeiter im Team mitzunehmen - zu gefährlich. Es könnte ja sein, dass zukünftig mehr auf Ergebnisse, statt auf Image und Äußerlichkeiten geachtet wird.

Eine ähnliche Episode kann ich aus der Geschäftsführungserfahrung bestätigen. Die beim Vorstellungsgespräch deutlich gemachten Aufgaben waren innerhalb von 2,5 Jahren erledigt, ohne übergroßes Gejammer der Mitarbeiterinnen und Mitarbeiter, einfach durch konsequente Sacharbeit. Dies war allerdings meinem Vorgänger im Amt, der in den mir vorgesetzten Vorstand aufgerückt war, ein Dorn im Auge. Er hatte diese Aufgabenbewältigung in den letzten Jahren nicht zuwege gebracht. Ich hatte ihn schlicht mit meinem Arbeitserfolg deklassiert. Entsprechend war sein Ego verletzt und er ging mit seiner Wut in den Untergrund, um mich zu diskreditieren und immer wieder darauf hinzuweisen, dass ich nicht empathisch genug mit den Mitarbeiterinnen und Mitarbeitern umgehen würde. Diese männliche Interpretation der weiblichen Leistung ist ein Beispiel des zweiten Mentalitätsmusters „emanzipierte Grundhaltung aber chancenlos gegen männliche Machtrituale und gesellschaftliche Rollenbilder". Es kann einfach nicht sein, dass eine Frau bessere Arbeit abliefert, als es ein Mann getan hatte. Das kann doch keine richtige Frau sein - ihr fehlen die weiblichen Eigenschaften, wie z.B. Empathie!

Da die meisten Führungsfrauen allein über ihre Leistung die Karriereleiter erklimmen (müssen) und daher das Betriebsziel im Mittelpunkt ihres Interesses steht, können sie auch schwer opportunistische oder rein symbolische Problemlösungen finden. Mit solchen Scheinlösungen geben sie sich in der Regel nicht zufrieden, denn sie wissen, dass symbolische bzw. politische Lösungen nicht langfristig tragen und früher oder später größere Probleme mit sich bringen.

So lebt immer noch das Klischee in den Männerköpfen, wonach die Karrierefrau entweder als „selbstsüchtige Zicke" betrachtet wird oder von ihr selbstlosen Idealismus zu Gunsten der Firma erwartet. Machtgespür bei Frauen stößt dagegen auf massive Ablehnung, das ist zutiefst unweiblich! Wohl gemerkt: das ist das Ergebnis der Studie im Auftrag des Bundesfamilienministeriums. Leider deckt sich dieses Ergebnis mit meinen langjährigen Erfahrungen als Führungskraft.

Frauen, die schwanger werden können oder Kinder zu versorgen haben, werden außerdem als mögliches Ausfall-Problem gesehen. Entsprechend dem beschriebenen männlichen Blick, können Frauen erst in der postfamiliären Phase wirklich zuverlässig in ihrem Beruf sein und die für ihre Karriere notwendigen Erfahrungen sammeln. Leider ist dann nicht mehr ausreichend Zeit, die für das Top-Management geforderten Erfahrungen zu sammeln. Daran ändert auch nichts, dass Männer heute auch in Elternzeit gehen. Sie tun dies überwiegend nur im geringem Umfang.

Oft ist für diese Zeit auch ein großer Urlaub geplant. Die Elternzeit ist häufig ein Mitnahmeeffekt für mehr Freizeit, statt eine wirkliche Entlastung der Frau zu Gunsten ihrer Karriere.

4. Drittes Mentalitätsmuster: radikaler Individualismus – Mangel an authentischen und flexiblen Frauen

Für Männer mit dem Denkmuster des radikalen Individualismus spielt das Geschlecht der Top-Führungskraft keine Rolle - so ist deren Eigenwahrnehmung. Allerdings muss die Frau authentisch sein und eine kontinuierliche Berufsbiographie haben, tatsächliche oder auch nur gedankliche Auszeiten für die Familie sind ein Ausschlusskriterium. Die ganze Kraft muss dem Unternehmen gehören. Dabei darf die Frau aber nicht die Rolle der Männer übernehmen - dann überkompensiert sie und ist nicht mehr authentisch! Gerade mit der Vokabel „Überkompensation" wird deutlich, dass allein die Männer dieses Maß kennen und bestimmen. Diese Männer sehen das Unternehmen oder sich selbst als Vorstände nicht in der Pflicht, etwas für gleiche Maßstäbe zu tun - hier ist allein die Politik und Gesellschaft gefordert!

4.1 Beispiel aus dem Leben

Vor Kurzem durfte ich gerade wieder mit dem Problem der „Überkompensation" Bekanntschaft machen. Ich schreibe nun mal gerne Fachartikel und halte mich darüber

hinaus für einen politisch denkenden Menschen. Ich be-
obachte die gesetzlichen Entwicklungen im Gesundheitswesen und manchmal habe ich Zweifel an den offiziellen
Verlautbarungen der Politik. Dazu habe ich in einem Artikel, der in einer Fachzeitschrift bundesweit veröffentlicht
wurde, eine andere Sichtweise zu einer aktuellen Entwicklung dargestellt.

Für ein männliches Mitglied des Vorstandes war das ein
Zeichen meiner Überkompensation, die er mit übler Nach-
rede quittierte. Dass ich ihn damit - unabsichtlich zwar -
auf seinem eigenen Feld geschlagen hatte, lesen Sie im Kapitel „Der Promovierte". Eine leistungsstarke Frau ist von
leistungsschwachen Männern noch schwerer zu ertragen
als ein leistungsstarker Mann. Dass der Mann in der Männerhorde die Hierarchie beachten muss, ist für ihn normal
und üblich. Wenn eine Frau überhaupt oben in der Firmen-
hierarchie vorkommt, ist dies schon sehr schwer für Männer zu ertragen. Wenn sie dann aber auch noch beweist,
dass sie den hierarchisch höheren Platz auch noch fachlich
verdient, ist das für unterlegene, leistungsschwächeren
Männer kaum auszuhalten.

4.2 Hierarchien sind männlich

Bei meinem letzten Ausflug in den Zoo habe ich einige
Zeit den Schimpansenfelsen beobachtet. Das ist die
Gruppe der Menschenaffen, die uns Menschen genetisch
am ähnlichsten ist. Laut dem schwedischen Paläogenetiker
Svante Pääbo unterscheiden sich Mensch und Schimpanse

nur mit 1,5% der Gene. Dies ist weniger als der Unterschied zwischen Mann und Frau, deren Gene sich zwischen 2% bis 4% unterscheiden[8].

Zur Fütterungszeit konnten zuerst die ranghohen Männchen die besten Nahrungsmittel ergattern, dann die rangniederen Männchen, dann die Weibchen und schließlich zum Schluss die Jungtiere, die bereits von der Muttermilch entwöhnt waren. Diese Reihenfolge gilt auch heute noch für die Hierarchie in Männerhorden. Frauen kommen in der „Spitzenetage" nicht vor. Es gibt auch kein ranghohes Weibchen, das dem Alpha-Männchen den Rang streitig machen würde. Das ist allein Männersache. Nur ranghohe jüngere Männchen machen dem „Boss" seinen Platz streitig. Dazu verbünden sie sich sogar untereinander für einzelne Angriffe auf ihn. Ist solch ein Angriff nicht erfolgreich, zerbricht das Bündnis allerdings sofort wieder. Dauerhafte Bündnisse sind selten und dann auch nur auf gleicher rangniedriger Hierarchiestufe zu erkennen.

Bei den Schimpansenweibchen ist dies anders. Sie sind bei der Aufzucht ihrer Jungen auf die Kooperation untereinander angewiesen. Das bedeutet, dass sie sich gegenseitig bei der Nahrungssuche und Betreuung ihrer Nachkommen unterstützen. Auch Weibchen, die keine eigenen Nachkommen haben, beteiligen sich an der Aufzucht der äffischen Nichten und Neffen.

An dieser Stelle wird mir die erfahrene Leserin entgegenhalten, dass es auch Tiere gibt, die eine männlich und weiblich gemischte Rangfolge haben. Dies gilt zum Beispiel für das Wolfsrudel. Allerdings wird bei genauerem Hinsehen das Wolfsrudel von einem Alpharüden und einer Alphawölfin geleitet. Es existieren zwei parallele Hierarchien bei den Geschlechtern. Der biologische Sinn dieser hierarchischen Doppelung besteht darin, dass lediglich das Alphaweibchen Nachkommen austrägt, die dann vom ganzen Rudel gemeinsam versorgt werden. Diese Strategie sorgt dafür, dass auch bei knappem Nahrungsangebot die Fortpflanzung des Rudels insgesamt gewährleistet ist. Meines Erachtens wäre dies auch eine gute Strategie für uns Menschen. Allerdings würde sich damit der Einzelne zugunsten des gemeinsamen Betriebes zurücknehmen müssen. Ob das den menschlichen Männchen wohl gelingen würde? Ich bezweifle dies. Vor allem aber wäre dies ein Bruch unseres modernen, aus der griechischen Philosophie stammenden Verständnisses von Gesellschaft. Hier steht das Individuum im Mittelpunkt. Es soll und darf sich entfalten und die Gruppe steht dagegen im Hintergrund. Dies ist in anderen Kulturen anders: in den asiatischen Kulturen steht die Gruppe und deren Wohlergehen im Mittelpunkt. Für diese muss sich das Individuum zurücknehmen.

IV. Die Auswirkungen der Mentalitätsmuster auf die Auswahl von weiblichen Führungskräften

Sie können sich nun fragen, ob diese Mentalitätsmuster überhaupt eine Auswirkung auf die Auswahl von Führungsfrauen haben, wenn externe Personen, wie zum Beispiel Personalberatungen, mit der Suche von Führungskräften beauftragt sind. Tatsächlich erfassen die Personalberatungen die Haltungen des Top-Managements bei der Führungskräfteauswahl, denn schließlich will die Personalberatung einen Abschluss machen und auch den nächsten Vermittlungsauftrag erhalten. So sind die Personalberatungen sehr hellhörig, was die richtige Passung der Führungskraft in die Hierarchie und / oder das Unternehmen angeht, obwohl die Mentalitätsmuster selbstverständlich niemals in einer offiziellen Stellenbeschreibung zu finden sind. Insofern findet man bei den Personalberatungen ebenfalls unterschiedliche Mentalitätsmuster. Auch dies hat Dr. Wippermann in seiner vorgenannten Studie herausgefunden.

1. Gatekeeper

Vorwiegend in etablierten größeren Personalberatungen, insbesondere aus dem anglo-amerikanischen Raum, finden sich konservative Grundhaltungen. Sie zeigen die Selbstwahrnehmung, dass bei der Führungskräfteauswahl ausschließlich die fachliche und persönliche Eignung sowie mindestens 15-20 Jahre Leitungserfahrung zählen.

Diese Bewertungen passen sich nahtlos in das Mentalitäts-muster der konservativen Exklusion ein. Hinzu kommt, dass diese Personalberatungen - vermeintlich - beobachten, dass Frauen nicht wirklich in Top-Positionen wollen. Den Frauen mangele es an Machtbewusstsein, Durchsetzungs- und Kommunikationsstärke. Diese Eigenschaften werden dabei männlich definiert, wie man dies auch beim emanzi-pierten Mentalitätsmuster findet. Es kommt diesen Perso-nalberatungen nicht in den Sinn, ihre eigene Wahrneh-mung zu überprüfen oder diese Attribute zum Beispiel vor dem Hintergrund der unterschiedlichen Kommunikations-stile zu beleuchten. Nur so könnte eine Veränderung er-reicht werden. Dann bestünde aber die Gefahr für die Per-sonalberatung, dass letztlich die Führungsfrau scheitert, weil die vorhandenen Führungsherren den weiblichen Kommunikationsstil nicht kennen bzw. nicht wollen. Dann wäre wiederum der Folgeauftrag für die Personalberatung in Gefahr. Also passt sich die Personalberatung unbemerkt an, denn das Geschäft geht nun mal vor.

Oft wird die Vermittlung von Frauen auch aus pekuni-ären Erwägungen heraus nicht so offensiv betrieben. Schließlich verdienen in Deutschland Frauen im Vergleich zu Männern immer noch rd. 20% weniger. Da sich norma-lerweise die Vermittlungsprovision der Personalberatun-gen am Bruttojahresgehalt der Führungskraft orientiert, hat sie ein größeres Interesse an der Vermittlung eines teureren Mannes.

2. Türöffner

Eher in kleineren, jüngeren, innovativen und progressiven Personalberatungen findet sich eine etwas differenziertere Wahrnehmung von Frauen für Führungspositionen. Sie beklagen aber immer wieder, dass Frauen nicht offensiv genug für sich werben und sich bei der Gehaltsverhandlung mit weniger zufrieden geben als Männer. Dies hat sodann unmittelbare Wirkung auf die Vermittlungsprovision für die Personalberatung!

Sie berichten auch, dass die Übernahme von neuen Positionen bei Frauen mit mehr Selbstzweifeln behaftet ist. Damit machen wir Frauen uns selbst das Leben schwer, denn diese Selbstzweifel kosten Kraft, die wir besser anderweitig einsetzen sollten. Eine Faustregel unter den Personalberatern besagt, dass sich ein Mann bei 50% - 70%-er fachlicher Eignung für die neue Position als gut geeignet hält. Eine Frau möchte jedoch am liebsten zu fast 100% die neuen fachlichen Herausforderungen erfüllen können. Wir Frauen sind hier mehr auf Sicherheit aus. Dies macht sich übrigens auch beim Eingehen von Risiken bemerkbar: Männer gehen höhere Risiken ein als Frauen. Mit diesem Unterschied beschäftige ich mich im Kapitel „Männer gehen Risiken ein, Frauen setzen auf Sicherheit". Auch hierfür scheinen biologische Ursachen vorzuliegen.

Ich kann jeder Frau nur raten, sich ernsthaft mit ihren Qualifikationen und Qualitäten auseinander zu setzen. Das gelingt meist nicht im stillen Kämmerlein. Dazu braucht es eine Freundin oder einen Freund, die / der wohlwollend konstruktiv ihre Fähigkeiten von außen beurteilt. Normalerweise kommen in diesem Prozess Qualitäten zur Sprache, die sich frau selbst nicht zugeschrieben hätte. Ein Mentor oder Coach kann hierbei ebenfalls helfen.

Ich hatte die Gelegenheit, in den Jahren 2014 und 2015 im Rahmen der Bundesinitiative „Gleichstellung von Frauen in der Wirtschaft" am Projekt zur Förderung von „Frauen in Führung 2.0" als Mentorin teilzunehmen. Das Projekt wurde durch das Bundesministerium für Arbeit und Soziales und den Europäischen Sozialfonds finanziert. Die Bundesinitiative wurde gemeinsam mit der Bundesvereinigung der Deutschen Arbeitgeberverbände und dem Deutschen Gewerkschaftsbund entwickelt und die Volkshochschule Göttingen führte sie für die Region Südniedersachsen durch. Dabei wurde Frauen mit rund einem Jahr Führungserfahrung jeweils eine erfahrene Führungskraft als Mentorin zur Seite gestellt. Aufgrund der eigenen Erfahrungen als Führungskraft konnten die Mentorinnen den Mentees mit dem Blick von außen auf belastende und / oder komplexe Führungssituationen mit Ratschlägen zur Verfügung stehen. Daneben wurden die Mentees durch Seminare zu verschiedenen Führungsthemen und zur Persönlichkeitsentwicklung begleitet. Die Mentoren konnten fakultativ an einigen dieser Seminare teilnehmen. Wenn frau eine solche Möglichkeit erhält, sollte sie diese auf jeden Fall ergreifen. Ich fand es ungeheuer spannend, den Entwicklungsprozess von Frauen zu sehen, die sich selbst befähigten, ihre eigenen Entscheidungen zu treffen und damit ihren eigenen Weg zu gehen.

In einer neuen Position erhält jeder - auch die neue Führungsfrau - mindestens 100 Tage Einarbeitungszeit in das neue Gebiet. Je höher die Position ist, desto länger wird auch die notwendige Einarbeitungszeit sein. In den ersten hundert Tagen werden vor allem die menschlichen und Managementqualitäten beurteilt, denn die ökonomischen Auswirkungen ihrer Entscheidungen können noch nicht bzw. sehr selten realisiert sein. Und wenn ein beruflicher Wechsel einmal schiefgeht, dann lernt frau daraus, weshalb es nicht gepasst hat, steht auf, richtet die Krone und macht weiter.

Bei der Vermittlung von Frauen ins Top-Management mit den oben beschriebenen Mentaliätsmustern besteht für die progressiveren Personalberatungen ein größeres Risiko, einen Fehlschlag zu erleiden und dann keinen Folgeauftrag mehr zu erhalten. Natürlich spricht sich herum, welche Personalberatung die passende Führungskraft vermittelt hat. Wir können also die Verantwortung nicht allein den Personalberatern zuschieben. Vielmehr bräuchte es einen Wandel der Mentalitätsmuster im Top-Management, wenn Frauen eine echte Chance haben sollen. Davon sind wir leider noch weit entfernt, vielleicht zwingt aber der zukünftige Mangel an Fachpersonal doch dazu. Die gemischt-geschlechtliche Besetzung von Führungspositionen hat übrigens einen positiven Effekt auf den Erfolg von Unternehmen, wenn sich die gemischte Doppelspitze gegenseitig respektiert.

V. Warum sollten es Chefinnen sein?

Brauchen wir überhaupt mehr Frauen in den Führungsetagen? Möglicherweise zwingt der zukünftige Mangel an Fach- und Führungspersonal dazu. Wenn die Studiengänge weiterhin hauptsächlich nach der Abiturnote vergeben werden, dann könnten für die Frauen in Deutschland goldene Zeiten anbrechen. Mädchen machten in 2006 zu 55% das bessere Abitur[9]. Leider weisen die bekannten offiziellen Statistiken der Kultusministerkonferenz oder der Bundeszentrale für politische Bildung keine geschlechtsspezifischen Zahlen aus. Könnte dies auch ein blinder Fleck der männlichen Statistiker bzw. Bildungspolitiker sein?

Heute schon sind über 50% der Absolventen des Medizinstudiums Frauen, sogar mit steigender Tendenz. Also kein Grund zur Sorge? Ich meine nein! Meine Lebenserfahrung spricht eine andere Sprache. Selbst im Bereich der Krankenpflege, der ein typisch weiblicher Beruf mit einem Anteil von nur rd. 20% männlichen Krankenpflegekräften ist, sehe ich relativ mehr männliche Pflegedienstleiter als Pflegedienstleiterinnen. Dies kann nicht nur daran liegen, dass Frauen aufgrund der Geburten ihrer Kinder weniger Berufserfahrung haben oder geringer qualifiziert sind. Meiner Meinung nach muss dies noch andere Gründe haben. Auch heute werden Pflegedienstleitungen auch von meist männlichen Geschäftsführern eingestellt. Es kommen also die gleichen Mentalitätsmuster zum Tragen, die bereits dargestellt wurden. Dazu kommt dann noch die niedrigere Risikobereitschaft der Frauen beim Wettbewerb um eine höhere Position. Und schon wird ein Bereich, in dem die Frauen die Arbeit machen, von einem Mann geleitet. Ist diese Vorstellung so ungewöhnlich? Ich glaube nicht!

Doch die Frage bleibt: sind Chefinnen auch gut für den wirtschaftlichen Erfolg von Unternehmen? Eigentlich könnten - und sollten! - es die Herren in den Vorstandsetagen schon lange wissen. Dazu haben Frank und Sharon Barnett bereits 1988 in Berkley, USA[10], herausgefunden, dass gemischte Teams bessere ökonomische Ergebnisse erzielen als eine rein männliche Spitzenriege. Dies wurde 2012 nochmals durch die Studie „Mixed Leadership" von der Unternehmensberatung Ernst & Young bestätigt[11]. Dabei wurde die Entwicklung des Anteils von weiblichen Mitgliedern in den Vorständen der 290 börsennotierten Unternehmen Europas in den Jahren 2005 und 2010 hinsichtlich ihres Umsatzes, Gewinns, Börsenwerts und Mitarbeiterzahl verglichen. Der Anteil der Frauen in den Vorständen stieg insgesamt von 5% auf 8% an, allerdings war das Wachstum am Größten bei den Positionen Personalvorstand und Marketingvorstand, den sogenannten „weichen" Vorstandspositionen. Nur 2% der Unternehmen haben einen weiblichen Vorstandsvorsitzenden. Interessant ist, dass im Gesundheitswesen der Anteil der Frauen im Vorstand bei 9% stagniert. Noch interessanter ist aber, dass in Unternehmen mit Frauen in den Vorständen der Gewinn gegenüber den Unternehmen ohne Frauen in den Vorständen signifikant von 2005 bis 2010 am stärksten gestiegen ist. Ganz deutlich wird die positive Wirkung von Frauen im Vorstand bei der Gewinnentwicklung im Vergleich der Unternehmen ohne weibliche Vorstände in 2005 und in 2010 gegenüber denjenigen, die in beiden Jahren einen weiblichen Vorstand vorweisen konnten. Letztere zeigen eine um 30% bessere Gewinnentwicklung! Aber worin liegen die Gründe für den größeren ökonomischen Erfolg, wenn auch Frauen in der Chefetage arbeiten? Meiner Erfahrung nach folgen Mitarbeiterinnen und Mitarbeiter dem Vorbild des Chefs - im Guten wie im Schlechten. Wird Energie und Zeit im Unternehmen dafür verschwendet, dass die Führungskräfte und Mitarbeiter um Rang und Status im Wettbewerb untereinander stehen, so bleibt weniger Zeit und Energie für die Sacharbeit übrig. Darüber hinaus bietet ein solches Gerangel auch immer die Gefahr, dass sich heftige persönliche Verletzungen ergeben, die die sachliche Zusammenarbeit nachhaltig stören. Wir alle haben schon gehört oder erlebt, dass einzelne Abteilungen eines Unternehmens sich heftig gegenseitig bekriegen. Ein solches Verhalten spielt einzig dem Wettbewerber in die Hände. Der Wettbewerber kann dann seine Marktposition leichter ausbauen.

Ist das Arbeitsverhalten im Unternehmen auf die Sacharbeit konzentriert und spielen interne Rang- und Machtspiele keine solche Rolle, kann die freie Zeit und Energie für den Unternehmenserfolg eingesetzt werden. Dazu müssen sich die einzelnen Personen aber zugunsten des Ganzen zurücknehmen. Dies ist eine Verhaltensweise, die den männlichen Führungskräften nicht liegt. Mehr dazu beschreibe ich im Kapitel „Der Kurze" und dem damit verbundenen männlichen Hierarchie- und Rangverhalten.

1. Vorbilder, Prägungen, Gene oder was?

Was ist es nun, das die Unterschiede im Verhalten von Frauen und Männern ausmacht? Keine Sorge, ich will hier nicht ausführlich den Gender Mainstreaming und dessen verschiedene Ideologien vorstellen. Kurz gefasst meint die eine Partei, dass jedes geschlechtstypische Verhalten durch die Erziehung und unsere durch das Patriarchat geprägte Kultur verursacht ist und die Lösung in der Veränderung der Kultur liegt. Die andere Partei ist der Meinung, dass das geschlechtsspezifische Verhalten durch die unterschiedliche Biologie und die Gene von Frauen und Männern festgelegt ist und daran nicht (viel) zu ändern ist.

Ich halte beide Einstellungen für richtig und gleichzeitig für falsch. Zu dieser Überzeugung werden von den Neurowissenschaften immer neue Erkenntnisse gewonnen. Ich halte es auch nicht für zielführend, sich darum zu streiten, ob die Kultur nun 60% der geschlechtsspezifischen Verhaltensweisen steuert oder die Biologie diesen Anteil einnimmt. Letztlich müssen wir Frauen - und dann auch die Männer - mit den Verhaltensweisen umgehen. Es besteht heute für die Frauen die Chance, über das Verstehen der Ursachen, wirksam auf „seltsame" oder „unlautere" Verhaltensweisen der Männer zu reagieren. Ein paar solcher

typisch männlichen Verhaltensweisen und auch Männertypen stelle ich im Folgenden mit deren Ursachen und Möglichkeiten der Begegnung vor.

2. Das männliche Prinzip: Wasch mich, aber mach' mich nicht nass!

Wir haben schon an verschiedenen Beispielen gesehen,
dass sich Frauen öfter am zu lösenden Problem orientieren
und dieses abarbeiten. Sie sind sachorientierter. Dabei definieren sie sich in der Regel über die erreichte Leistung.
Bei Männern geht es in erster Linie um den Ausbau bzw.
Erhalt ihrer hierarchischen Position. Dazu ist die Sache, die
Lösung eines Problems, nur das Mittel zum Zweck. Deswegen kommen sie auch viel leichter auf den Gedanken,
das Problem „kosmetisch" zu lösen, aber eben nicht dem
Grunde nach. Vielleicht finden sich in der Politik deshalb
auch überwiegend Männer. Hier hat sich dieses Prinzip
festgesetzt. Frau denke nur an all die Klimagipfel, Wald-
gipfel, Flüchtlingsgipfel usw., bei denen zwar über ein
Problem geredet und eine blumige Abschlusserklärung
verlesen wird, aber keine greifbaren und realisierbaren Ergebnisse herauskommen. Unsere Bundeskanzlerin Frau
Merkel setzt dieses männliche Prinzip in seiner Perfektion
ein.

2.1 Beispiel aus dem Leben

Ich bin eine Frau, die normalerweise weiß, was sie will.
Dies gilt auch für einen Arbeitsplatzwechsel, der mit einem

privaten Umzug verbunden war. Ich kam in ein Unternehmen, das seit über zwanzig Jahren den gleichen männlichen Chef hatte. Dieser hatte den Unternehmensstil stark geprägt. Es war mir schnell klar, dass die Mitarbeiterinnen und Mitarbeiter bisher ein gemächliches Leben geführt hatten und sich gemütlich in ihrer Arbeit eingerichtet hatten. Modernes Controlling, Kennzahlen zur Leistungsfähigkeit oder eine Überprüfung der Zielerreichung wurden in der Vergangenheit nur rudimentär in Form von unstrukturierten Gesprächen durchgeführt. Es wurde über Qualität geredet und dabei blieb es. Mit anderen Worten: es waren keine belastbaren Kennzahlen vorhanden, dafür aber viel „Gefühl". Bereits im Vorstellungsgespräch wurde mir vom Vorstand mitgeteilt, dass die Zertifizierung des Dienstleistungsunternehmens ganz oben auf der Prioritätenliste stünde. Nach der Eigenwahrnehmung des anwesenden Noch-Chefs - der anschließend in den Vorstand rückte - sei auch einiges vorbereitet. Qualitätsmanagement sei ja kein Fremdwort!

Da ich zuvor als Qualitätsmanagementbeauftragte in einem Krankenhaus gearbeitet und als Auditorin andere Krankenhäuser überprüft hatte, war mir schnell klar, dass tatsächlich keinerlei Grundlage vorhanden war. Je nach Größe einer Organisation und konsequenter Vorbereitung benötigt man ein bis zwei Jahre für eine erfolgreiche Zertifizierung im Qualitätsmanagement. Also gab ich dem eher kleinen Unternehmen ein Jahr Vorbereitungszeit. Dies bedeutete für die Mitarbeiterinnen und Mitarbeiter, einen anderen Arbeitsstil mitmachen zu müssen. Ein Ziel wurde gemeinsam gesetzt, die notwendigen Arbeitsschritte durchlaufen und dann überprüft, ob und wie gut das Ziel erreicht wurde. Besonders für die Mitarbeiter ohne anderweitige Berufserfahrung war diese Art des Arbeitens ungewohnt. So beschwerten sich diese, dass die Zertifizierung unsinnig sei, das Erheben von Leistungskennzahlen nicht die (behauptete) hohe Qualität der Arbeit abbilde, die bestehenden Arbeitsprozesse doch bewährt seien, etc. Eigentlich sollte alles beim Alten bleiben. Für diejenigen Mitarbeiterinnen und Mitarbeiter, die schon einmal fremde Luft geschnuppert hatten, waren die Neuerungen kein Problem.

Komplizierend kam hinzu, dass mein Vorgänger in den mir vorgesetzten Vorstand gewechselt hatte und verwandtschaftliche Beziehungen zwischen Vorstandsmitgliedern und Beschäftigten bestanden. Nahezu jede kleine Unzufriedenheit dieser einzelnen Mitarbeiterinnen oder Mitarbeiter wurde auf direktem Wege den Vorstandsmitgliedern zugetragen. Wäre ich damals eine unerfahrene Führungskraft gewesen, hätte ich die Flinte ins Korn geworfen. Aber aufgrund meiner Erfahrung war mir der gruppendynamische Prozess eines Veränderungsprozesses klar. Einerseits verursacht jede Änderung bei Menschen Ängste und Verunsicherung und erzeugt Beharrungsvermögen. Andererseits wusste ich aber um die notwendigen Schritte für eine erfolgreiche Zertifizierung. Ich habe also versucht, den Mitarbeiterinnen und Mitarbeitern die einzelnen Schritte zu erläutern und Sicherheit und Zuversicht für die Zertifizierung, die stark als Prüfung wahrgenommen wurde, zu verbreiten. Dazu habe ich mich auch einer dritten Person bedient, die für die Beschäftigten als eine junge, neue Kollegin einfacher zu akzeptieren war.

Diese neue Qualitätsmanagementbeauftragte hat in enger Absprache mit mir die Vorbereitungen vorgenommen, wobei sie aufgrund ihrer Jugend bei den alteingesessenen Mitarbeiterinnen und Mitarbeitern noch dem „Welpenschutz" unterlag. Ich habe zäh das Ziel der Zertifizierung verfolgt und auch die Anfeindungen aus dem Vorstand ertragen. Mir war klar, dass es meinem Vorgänger unangenehm war, dass „die neue Frau" binnen der vorausgesagten Zeit das Ziel erreichte. Das habe ich wohlweislich nie in irgend einem beruflichen Zusammenhang thematisiert. Manchmal muss frau schweigend genießen. Leider kam dann doch noch die Rache des Vorgängers in Form einer unter den männlichen Vorständen komplottartig gesteuerten knappen Vorstandsentscheidung gegen mich, die das Ausscheiden aus dem Unternehmen bedeutete. Offensichtlich war es für die alten Herren im Vorstand unerträglich, dass eine jüngere Frau in der Lage war, in gut zwei Jahren das Unternehmen so aufzustellen, dass zumindest die realistische Chance bestand, weitere Marktanteile zu gewinnen. Dazu brauchte es aber ein klares Ziel und die zugehörigen Maßnahmen, die konsequent umgesetzt werden mussten. Das hieß, dass die tatsächliche Lösung des Problems anzugehen war, nicht nur das Reden darüber.

Bei Änderung der Arbeitsprozesse oder des geforderten Leistungsniveaus muss frau immer damit rechnen, dass Mitarbeiter den neuen Weg nicht mitgehen wollen. Schnell

wird dies auf die fehlende Fähigkeit der neuen Führungskraft zurückgeführt, die Beschäftigten ausreichend zu mo-
tivieren. Scheinbar erwarten besonders die männlichen
Vorgesetzten hier von Frauen, dass diese aufgrund ihrer
„weiblichen social Skills" alle Änderungen lautlos, besser
noch mit Hurrageschrei der Mitarbeiterinnen und Mitarbeiter über die Bühne bringen. Das ist natürlich eine Illusion.
Spitzenfrauen stecken in der Zwickmühle, dass sie entweder die widerstrebenden Beschäftigten nicht ausreichend
hart führen können oder dass sie nicht über ausreichende
Social Skills verfügen. Dieses männliche Bewertungsmus-
ter haben wir schon kennengelernt.

Doch lassen Sie sich nicht ins Bockshorn jagen - es wird
immer Mitarbeiter geben, die zufällig zum gleichen Zeitpunkt eine andere Stelle suchen oder die ganz offen den
neuen Weg nicht mitgehen wollen. Changeprozesse sind
immer mit Friktionen behaftet und folgen einem Ablauf in
sieben Schritten[12]. Zunächst ahnen die Mitarbeiter, dass
Veränderungen kommen werden und die Gerüchteküche
brodelt auf Hochtouren. Wenn dann klar ist, dass Veränderungen tatsächlich kommen, dann werden bei den Mitarbeitern Hoffnungen und Befürchtungen wach. Sie stehen
den Veränderungen mit Abwehr gegenüber, denn viel einfacher ist es, die gewohnten Arbeitsprozesse beizubehalten.
Hierbei fühlt man sich sicher. Erst wenn die Abwehr der
Veränderungen nicht funktioniert, gehen Beschäftigte die
neuen Arbeitsweisen aktiv an. Dies ist mit einem Lernpro-
zess verbunden, der nicht immer reibungslos klappt. Erst
wenn die neuen Arbeitsweisen eingespielt sind, fühlen sich

die Beschäftigten wieder sicher. Das alles dauert einige Zeit und diese Zeit muss der Führungskraft eingeräumt werden. Erst wenn das Ziel nicht erreicht wurde oder der Changeprozess zu lange dauert oder zu viele wichtige Mitarbeiter das Unternehmen verlassen, muss von vorgesetzter Stelle gehandelt werden. Jedoch liegt die Möglichkeit liegt nahe, dass man(n) der weiblichen Führungskraft diesen sachlichen und zeitlichen Raum nicht einräumt. Dann hat man(n) ein einfaches Argument zur Trennung.

3. Die Sicherheit der neuronalen Routine

Die Sicherheit in der Routine ist übrigens ein biologisch festgelegter Mechanismus, der sich aus den über Jahre eingeübten Tätigkeiten ergibt, die zu eingeschliffenen Denkmustern wurden[13, 14]. Diese Denkmuster haben sich durch die Verknüpfung von bestimmten Hirnneuronen gebildet. Es haben sich über die häufige Nutzung der immer gleichen Neuronen sozusagen aus „Trampelpfaden" breite „Autobahnen" gebildet, die das Denken ökonomischer, einfacher und schneller machen. Der menschliche Organismus wehrt sich nun dagegen, diese bequeme und bewährte Denkweise aufzugeben. Das führt zu schlechten Gefühlen, Verunsicherung und Abwehr.

Nach dem Stadium der Abwehr und Verunsicherung werden Veränderungen zunächst rational akzeptiert. Die Mitarbeiter bewerten die Auswirkungen auf ihre Aufgaben und Positionen. Erst danach kommt auch die emotionale Akzeptanz der Veränderungen. Dies ist gleichzeitig der emotionale Tiefpunkt. Die Veränderungen werden als unabänderlich erkannt. Erst zu diesem Zeitpunkt beginnt die biologische Veränderung der neuronalen Netze. Es beginnen sich neue „Trampelpfade" zu bilden und die alten „Autobahnen" werden demontiert. Erst damit kann der Aufbruch zu Neuem beginnen. Die Mitarbeiterinnen und Mitarbeiter und können die Neuerungen sukzessive in ihre Routine überführen und zur neuen Normalität werden lassen. Nach einiger Zeit haben sich neue neuronale Straßen gebildet, die das Denken schneller und einfacher machen. Diesen Zustand möchte nun mal unser Gehirn beibehalten.

Im Veränderungsprozess kann es stets vorkommen, dass einzelne Mitarbeiter das Unternehmen verlassen. Dies kann an der ausgeprägten Abwehrhaltung oder dem Unvermögen, die Denkmuster zu verändern liegen. Es können auch zufällige Abwanderungen sein, die dann leider von den - männlichen - Vorgesetzten oft nicht als zufällig angesehen werden (wollen). Es ist jedoch besser, dass solche Mitarbeiter oder Mitarbeiterinnen das Unternehmen oder die Abteilung verlassen, als dass sie im Untergrund ihre Abwehrhaltung beibehalten und sogar ggf. Sabotageakte verursachen.

4. Werte arbeiten in allen Menschen

Eine weitere Ursache für die Ablehnung von Veränderungen stellen die lieb gewonnen Gewohnheiten und die viele Jahre (vor-)gelebten Werte dar. Wir haben als Kleinkinder und Kinder gelernt, indem wir unsere Eltern oder andere Bezugspersonen nachgeahmt haben. Auf diese

Weise haben wir auch deren Werte und Vorstellungen vom Leben übernommen. Dieser Mechanismus sitzt so tief, dass er nicht vollkommen außer Kraft gesetzt, allenfalls abgemildert werden kann oder ein „alter" Wert muss umgelernt werden.

Unsere Werte oder unsere „innere Haltung" - wovon Prof. Dr. Gerald Hüther[15, 16] spricht - manifestiert sich im Laufe unseres Lebens im präfontalen Cortex, der auch als präfontale Rinde bezeichnet wird. Dies ist die Gehirnregion hinter der Stirn. Sie wird mit Empathie, der Handlungsleitung und der Folgenabschätzung unserer Handlungen und letztlich mit der Impulskontrolle in Verbindung gebracht.

Viele Leserinnen kennen sicher das Beispiel des Mannes Phineas Gage (geb. 1823, gest. 1860), einem amerikanischen Sprengmeister, dem bei einer verunglückten Sprengung ein Eisenstab unter dem Wangenknochen hindurch in den präfonalen Cortex ein großes Loch riss. Er verlor bei diesem Unfall zwar sein linkes Auge, überlebte ihn aber. Allerdings zeigte sich, dass sich sein Wesen mit der Zerstörung des präfontalen Cortex stark verändert hatte. Er war nicht mehr in der Lage, Entscheidungen zu treffen, konnte die Folgen seiner impulsiven Handlungen nicht mehr abschätzen und war ein Mensch geworden, dem es an jeglicher Empathie fehlte. Letzteres wurde von seinen damaligen Mitmenschen als Verlust von jeglicher Moral und Sitte beschrieben. Er konnte nicht mehr zwischen Gut und Böse unterscheiden. Aus dem vor dem Unfall besonnenen, zuverlässigen Mann war ein unkontrollierter Sauf- und Raufbold geworden, der schließlich in der Gosse starb.

Der präfrontale Cortex ist eine der jüngsten Gehirnregionen des Menschen. Er benötigt auch die längste Zeit zur Entwicklung und es ist fraglich, ob er jemals ausgereift ist. Seine Entwicklung beginnt erst in den Vorschuljahren bzw. im Alter von ca. sechs Jahren und dauert bei männlichen Kindern und Heranwachsenden bis ungefähr zu ihrem 25. Lebensjahr[17] an. Bei Mädchen und weiblichen Heranwachsende ist er bereits bis ungefähr zu ihrem ca. 20. Lebensjahr ausgereift. Letztlich sind es lt. Prof. Hüther die Erfahrungen, die Menschen in ihrem frühen Leben machen, die ihre innere Haltung, ihre Werte begründen. Er vertritt die Ansicht, dass Mädchen und Jungen gleichartig geboren werden und im Laufe ihrer unterschiedlichen Sozialisation unterschiedliche innere Haltungen entstehen. Dabei strukturieren die gemachten Erfahrungen das Gehirn. Er gibt dazu das Beispiel von blinden und sehenden Menschen an. Wenn diese im Computertomographen liegen und zum Beispiel das Wort „Mehl" hören. Beim sehenden Menschen kann erhöhte Aktivität im Bereich des Sehsystems beobachtet werden, beim blinden Menschen werden die Regionen, die für Geruch und Textur stehen, aktiviert. Ähnliches kann bei Kindern mit körperlichen Missbildungen beobachtet werden. Bei einem Kind ohne Arme gibt es keine Repräsentation der Arme im Gehirn, da ihm bereits im Mutterleib die Erfahrung fehlt, die das Kind mit Armen machen kann. Dafür sind zum Beispiel die Gehirnregionen für die Beine und Füße deutlicher ausgeprägt, als bei einem normal geborenen Menschen.

Die innere Haltung eines Menschen wird ebenso von den gemachten Erfahrungen gebildet. Dabei ist diese Erfahrung immer durch die gleichzeitige kognitive und emotionale Beteiligung charakterisiert. Letztlich können dann diese inneren Werte nur durch andere Erfahrungen, bestehend aus kognitivem und gefühlsmäßigem Erleben, verändert werden. Daraus würde sich erklären, dass Menschen sich zum Beispiel nach einem heftigen Schicksalsschlag plötzlich verändern, da sich ihre inneren Werte ändern. Dabei ist immer bedeutsam, wie die Menschen eine solche veränderte Situation bewerten. Dies ist wiederum abhängig davon, inwieweit sie sich sicher fühlen, dass sie die Situation kontrollieren können oder diese zumindest mit einem Sinn aufgeladen werden kann.

Ich persönliche kann Prof. Dr. Hüthers Gedankengang zur Bildung der inneren Haltung auf der Grundlage von gemachten Erfahrungen nachvollziehen. Allerdings gehe ich nicht soweit zu sagen, dass Mädchen und Jungen mit gleichartigen Gehirnen geboren werden. Dazu unterliegen sie zu unterschiedlichen pränatalen hormonellen Bedingungen. Sicher gibt es hierbei nicht nur „schwarz oder weiß", sondern die hormonellen Bedingungen sind individuell unterschiedlich und deren Auswirkungen auf die beiden Geschlechter folglich ebenfalls. Diese letztlich biologischen unterschiedlichen Bedingungen wirken sich auch unterschiedlich aus und führen zu tendenziell weiblichen oder tendenziell männlichen Gehirnen.

Irgendwann ab der Pubertät und in den folgenden Jahren stellen wir dann die von den Eltern und Bezugspersonen übernommenen Werte in Frage, lehnen sie demonstrativ ab und machen alternative Lebensentwürfe. Manch alter Wert arbeitet dennoch in uns unerkannt weiter. So auch in den männlichen Chefs und Kollegen. Mancher unausgesprochene Wert drückt sich unterschiedlich aus, je nachdem, ob eine Frau oder ein Mann ihn repräsentiert. Daher werde ich mich im nächsten Kapitel mit den unterschiedlichen männlichen Typen und die darunter liegenden Werte und Mechanismen befassen.

VI. Verschiedenen Männertypen

Nach dem Ausflug zu den wissenschaftlichen Untersuchungen der Verhaltensweisen in großen Unternehmen, möchte ich die überwiegend eingenommene Vogelperspektive verlassen und Sie in die Niederungen der einzelnen Männertypen und deren besonderen Eigenschaften im Bezug auf den Umgang mit leistungsstarken Frauen mitnehmen. Hinter jedem dieser Typen stehen eigene Erfahrungen oder solche meiner Freundinnen aus unserem langen Berufsleben. Vielleicht finden Sie manches übertrieben? Das ist gewollt, denn mit der Überspitzung erkennen Sie den Typus leichter. Zu jeder Beschreibung folgen Möglichkeiten des Umgangs mit diesen schwierigen Personen. Aber Achtung: fühlen Sie in sich hinein, welche der Möglichkeiten Sie sich zu eigen machen können, oder welche Sie besser abwandeln. Wie schon zuvor gebe ich Hinweise auf die biologischen Hintergründe der Eigenschaften und des Verhaltens der einzelnen Typen. Das wundert Sie vielleicht, aber über die Beschäftigung mit dem Thema und den Erkenntnisgewinnen der Neurowissenschaften wird für mich immer deutlicher, wie sehr die Biologie Eigenschaften und Verhalten von Männern und Frauen in unterschiedlicher Weise steuert. Im Buch „Wenn das Krokodil ins Lenkrad greift"[18], wobei das Krokodil für die altertümlichen biologischen Reaktionsmuster steht, wird dies anschaulich beschrieben. Welchen Anteil Biologie, Psychologie und unsere Kultur am Verhalten des Einzelnen haben, kann heute letztlich niemand beurteilen und ist auch nur bedingt hilfreich auf dem Weg zu gleichen Chancen für Frauen und Männer. Insbesondere die Psychologie wird heute überwiegend als Geisteswissenschaft betrachtet. Dennoch gibt es inzwischen in der biologischen Psychologie viele Bestrebungen, psychologische Thesen naturwissenschaftlich zu untermauern und deren biologische Grundlagen bzw. Mechanismen nachzuweisen.

Nun aber zu den verschiedenen Männertypen, die in loser Reihenfolge vorgestellt werden.

1. Der Promovierte

Ich habe bereits erzählt, dass ich meine Karriere im Gesundheitswesen gemacht habe. Dort ist es normal, dass Ärzte und Ärztinnen promoviert haben. Es ist im Fach Humanmedizin auch nicht besonders schwierig oder aufwändig, einen Doktortitel mit einer Dissertation zu erreichen. Vom Aufwand her kann man diese vielleicht mit einer Diplomarbeit in anderen Studiengängen vergleichen. Das ist in den geisteswissenschaftlichen Fächern und besonders bei den Ingenieuren oder Naturwissenschaftlern viel aufwändiger und daher ein selteneres Phänomen. Insofern beziehe ich mich bei dem beschriebenen Typus des „Promovierten" ausdrücklich auf Männer mit Doktortitel außerhalb der Humanmedizin. Besonders großen Eindruck macht eine Promotion natürlich bei Personen, die selbst nicht studiert, geschweige denn promoviert haben. Manch einer dieser eher schlichten Gemüter sehen den Promovierten quasi als Halbgott an, der (fast) sakrosankt ist.

1.1 Beispiel aus dem Leben

Dieser promovierte Mann weiß um seine Seltenheit und den Aufwand, den er für den Doktortitel betreiben musste. Allerdings ist ihm auch klar, dass seine Doktorarbeit über das Minneverhalten in den Gedichten von Walther von der Vogelweide, dem mittelalterlichen Dichter, die Welt heute nicht wirklich weiterbringt. Als Buch wurde die Arbeit mangels Interesse oder Wertigkeit sowieso nicht veröffentlicht. Dabei hat er doch auch ein Stück Literatur verfasst! Sein Stolz auf die gelungene Doktorarbeit wird also immer wieder durch die zeitweise Einsicht der praktischen Belanglosigkeit seines bearbeiteten Themas angenagt. Das fühlt sich für ihn nicht gut an und macht ihn besonders empfindlich für Kritik an seiner Fähigkeit zu schreiben. Oft reicht es schon aus, wenn eine andere Person aus seinem beruflichen Umkreis ohne Doktortitel zum Beispiel einen Fachartikel verfasst und dieser in einem einschlägigen Magazin deutschlandweit veröffentlicht wird. Wenn diese Person dann auch noch eine Frau ist, ist noch dazu seine Männlichkeit erschüttert! Wie kann es sein, dass eine Frau ohne Promotion etwas auf „seinem Gebiet", nämlich der Schreibkunst, erreicht? Das kann doch nicht mit rechten Dingen zugegangen sein. Und wenn er den Artikel dann liest, findet er auf jeden Fall die eine oder andere verbesserungswürdige Formulierung! Das muss er dann auch gleich in wohl gesetzten Worten der Autorin mitteilen.

Diese Geschichte hat sich ganz ähnlich zugetragen. Liebe Leserin, ich kann Ihnen nur raten, sich über eine solche Reaktion nicht zu ärgern. Nutzen Sie ihr diagnostisches

Ohr – die Reaktion des Promovierten sagt in erster Linie etwas über ihn selbst aus, nichts über Sie!

Seine textliche Kritik konnte ich damals locker wegstecken. Allerdings hatte ich nicht damit gerechnet, wie sehr der Promovierte meine Veröffentlichung als einen persönlichen Angriff empfand. Dabei spielte sicherlich eine Rolle, wie schwer es ihm fiel, eine Arbeit fertig zu stellen. Ich persönlich habe ihn als Perfektionisten eingeschätzt, der sich den wichtigen und weniger wichtigen Aspekten seines Themas nicht sicher war. Dazu passte auch, dass er als Mitarbeiter äußerst unorganisiert war und Schwierigkeiten hatte, konzentriert an prioritären Themen zu arbeiten. Ein Mensch eben, der sich leicht - und vielleicht auch gerne - ablenken ließ. Demzufolge wies er bei der Erwähnung meines Artikels stets darauf hin, dass er sich wundere, woher ich die Zeit dafür genommen hätte. Auch das verstehe ich als einen Hinweis darauf, dass er sich im Grunde mit seiner Arbeit schwer tat. Ich benötigte nicht viel Zeit zum Schreiben, da ich wusste, welcher innerer Logik der Artikel folgen sollte und die Organisation der zugehörigen Fakten dann rationell erfolgen konnte.

Allerdings war danach nicht mehr so leicht zu ertragen, dass der Promovierte bei allen Gelegenheiten gegen mich schoss. Selbstverständlich ausschließlich auf „sachlicher" Ebene! Aber es war auch stets der Hinweis eingeschlossen, dass meine Selbständigkeit beim Verfassen von Fachartikeln von ihm nicht erwünscht war. Wie sollte ich damit umgehen? Nach meiner Überzeugung ist selbständiges Denken und Handeln bei einer Führungskraft erforderlich - selbst wenn sie eine Frau ohne Doktortitel ist. Ich habe in meinem Berufsleben gelernt, dass sich eine hohe Leistungsfähigkeit auszahlt. Dies ist zu meiner inneren Überzeugung geworden. Deshalb habe ich mich auch stets bei Intrigenspielen zurückgehalten. Man / frau muss sich entscheiden: Intrige oder Leistung. Beides zusammen funktioniert normalerweise schon aus Zeitgründen nicht. Intrigenspiel braucht viel Zeit zum Fäden spinnen, telefonieren, schlecht über andere reden usw. Diese Zeit geht von der Arbeitszeit ab die benötigt wird, um Aufgaben zu erledigen oder Projekte durchzuführen. Insofern finde ich persönlich die Leistung lohnenswerter, schon allein deshalb, weil diese Fakten schafft, wie z.B. eine gelungene Zertifizierung im Qualitätsmanagement eines Unternehmens. Daran kann letztlich auch ein intriganter Promovierter nicht vorbei. Allerdings hatte ich ihm mit der Veröffentlichung unbeabsichtigt eine Wunde geschlagen, die nie mehr heilen sollte. Wäre ich ein Mann gewesen, hätte er dies akzeptieren können: ein Mann hat sich seiner Hierarchie entsprechend normal verhalten. Dafür gehört ihm innerhalb der Männergesellschaft Respekt! Aber eine Frau hat keinen Platz in der männlichen Hierarchie und wird deshalb als Bedrohung für das gesamte hierarchische System wahrgenommen. Diese Bedrohungslage führt schnell dazu, dass sich auch Männer der verschiedenen Hierarchie-

ebenen gegen eine leistungsstarke Frau zusammenschlie-
ßen. Frau hat es dann mit der gesamten Männerhorde zu
tun.

Übrigens habe ich eine solche Reaktion unter Medizi-
nern nie beobachtet. Dies liegt wohl daran, dass von Medi-
zinern eine gewisse Fähigkeit und Neigung zur Publikation
erwartet wird und sie zumindest ab der Ebene der Ober-
ärzte an diese Art des Wettbewerbs gewöhnt sind. Da inzwischen überwiegend Frauen Humanmedizin studieren
und Frauen als Oberärztinnen nicht mehr ganz so selten
sind, ist eine publizierende Frau ein gewohntes Phänomen
für diese Männer. Dies spricht dafür, dass die Kultur im
Sinne von Gewöhnung durch Frauen in höheren hierarchischen Positionen evtl. vorliegende biologische Grundlagen
des Hierarchie-Verhaltens von Männern verändern kann.

Noch ein Wort zum Schreiben und Veröffentlichen von
Artikeln oder Ähnlichem. In ihrer Freizeit darf jede Frau
tun was sie will - auch Fachartikel oder Bücher schreiben.
Diese darf sie auch veröffentlichen, der Arbeitgeber hat
hier kein Mitspracherecht. Die einzige Bedingung ist, dass
der Arbeitgeber nicht verunglimpft werden darf und keine
Betriebsgeheimnisse ausgeplaudert werden dürfen. Wenn
Sie aktiv publizieren liebe Leserin, machen Sie sich trotz-
dem auf unschöne Reaktionen gefasst, denn ein getroffener
Hund bellt! Damit können die Schwächen so manchen
Mannes unerwartet zu Tage fördern. Ich kann Ihnen aber
auch raten, diese Reaktionen als Kompliment zu nehmen.
Sie bedeuten auch, dass Sie als Person wahrgenommen

werden. Manche Coaches meinen sogar, dass ein Angriff auch eine Form der Kontaktaufnahme ist. Das mag stimmen, aber meiner Meinung nach tun dies Jungen im Alter zwischen sechs und zehn Jahren. Schauen Sie sich mal auf einem Schulhof einer Grundschule in der großen Pause um. Ich mag nicht akzeptieren, dass sich ausgewachsene Männer verhalten dürfen, als wären sie auf der emotionalen Stufe eines Grundschuljungen stehen geblieben.

1.2 Männerbünde über Hierarchien hinweg

Ich arbeitete viele Jahre in einem Labor in einem von Männern dominierten Betrieb. Inzwischen über 50 Jahre alt, verfügte ich über entsprechende Berufserfahrung und technisches Know How. Daher war ich in einer hohen Gehaltsstufe. Ich bin sehr zuverlässig, kaum krank, umsichtig und auch selbstbewusst. Im Zuge einer Umorganisation im Betrieb erhielt ich einen neuen jungen, aber gut ausgebildeten männlichen Kollegen in niedrigerer Gehaltsstufe und sollte ihn einarbeiten. Trotz aller Mühe, ihm mein Wissen zu vermitteln, nahm er vieles nicht an und beschwerte sich statt dessen über fehlende Informationen beim Vorgesetzten. Dieser schlug sich auf die Seite des jungen Mitarbeiters und versuchte, mich durch Kritikgespräche und Schikanen am Arbeitsplatz zur Kündigung zu bringen. Ich sei ja gut verheiratet und müsste eigentlich nicht berufstätig sein. Vorgesetzter und junger Kollege verbünden sich gegen mich. Offensichtlich war es ihr Plan, dass ich kündigen sollte und sie dann eine neue Hierarchie aufbauen konnten.

Doch und ich bin hart geblieben, habe meine Arbeit gemacht und zudem technische Verbesserungsvorschläge schriftlich eingereicht. Den jungen Kollegen habe ich weiterhin eingearbeitet, wenn auch professionell distanziert und alle Schritte dokumentierend. Mit der Offenlegung meiner Leistungsfähigkeit hatten die Männer nicht gerechnet und der junge Kollege machte natürlich auch Fehler. Ich hatte aber schriftlich, dass er das richtige technische Vorgehen von mir gelernt hatte. Die Kollegen im Betrieb verhielten sich öffentlich neutral, waren aber mir gegenüber bei der täglichen Arbeit hilfsbereit und absprachefähig wie immer. Sie sahen, dass die Allianz zwischen dem Vorgesetzten und dem jungen Kollegen dazu diente, eine teure Kollegin los zu werden.

Mit der Zeit wurde der junge Kollege immer öfter krank und entzog sich so dem Stress im Betrieb. Zufällig verletzte ich mir den Finger und konnte nicht arbeiten, als der junge Kollege wieder einmal krank war. Das war der Punkt, an dem der Vorgesetzte registrierte, dass ich für den Betrieb notwendig war. Es fehlte jemand für die notwendigen Laborkontrollen. Damit endete das Bündnis zwischen Vorgesetztem und jungem Kollegen. Nun war der junge Kollege auf der Abschussliste des Vorgesetzten.

An diesem Beispiel lässt sich gut erkennen, dass Männerbündnisse Zweckbündnisse sind, die auch Hierarchieebenen überspringen können.

1.3 Biologische Ursachen von Konkurrenz und Hierarchie

Konkurrenzverhalten und Hierarchie in der Männerwelt haben biologische Ursachen. Louann Brizendine[19], eine amerikanische Neurobiologin, die an den Universitäten in Berkeley, Yale und Harvard studiert hat und heute Professorin für Neuropsychiatrie an der Universität von Kalifornien in San Francisco ist, hat dies sehr schön herausgearbeitet. Bereits im Mutterleib werden, gesteuert durch die männlichen Chromosomen, verschiedene Testosteron-Hormonschübe ausgelöst, die unterschiedliche Gehirnareale zum Aufbau anregen. Ein Fehlen solcher Hormonschübe bei den ungeborenen Mädchen hat natürlich andere Auswirkungen auf die Entwicklung von Gehirnarealen. So ist der sogenannte „Balken", das heißt die Verbindung zwischen der linken und rechten Gehirnhälfte, bei Frauen stärker ausgeprägt als bei Männern. Dies wird mit einem eher vernetzten, ganzheitlicheren Denken in Zusammenhang gebracht. Bei Männern ist die Region des räumlichen Sehens und Vorstellungsvermögens im Scheitellappen stärker ausgeprägt. Sie schneiden nach dem zehnten Lebensjahr in verschiedenen Orientierungstests und Tests zum räumlichen Vorstellungsvermögen besser ab als Mädchen. In der Praxis bedeutet dies, dass Frauen die Welt eher durch ein Weitwinkelobjektiv sehen, während die Männer dagegen den auf ein Objekt zentrierten Tunnelblick nutzen[20]. Es wird in der Wissenschaft spekuliert, warum sich dies evolutionär so entwickelt hat. Möglicherweise musste die Frau bei der Aufzucht ihrer Kinder in der steinzeitlichen schlecht beleuchteten Höhle und beim Sammeln von Wurzeln und Beeren ihre Augen überall haben, während sich der Mann auf der Jagd mittels Tunnelblick ganz auf das zu erlegende Tier konzentrieren musste.

Diese frühe Art der Arbeitsteilung ist in der Evolutionstheorie inzwischen zur Lehrmeinung geworden. Sie hatte große Auswirkungen auf die Stellung der Geschlechter untereinander, denn darüber konnten sich die unterschiedlichen Verhaltensmuster entwickeln. Die Jagdgesellschaft war männlich. Ein guter Jäger wurde von den anderen Männern und auch von den auf männlichen Jagderfolg angewiesenen Frauen besonders geachtet. Er stand also in der Stammes – bzw. Sippenhierarchie auf einem hohen Rang. Diese Hierarchie wurde ausschließlich in der männlichen Gruppe gebildet. Frauen gingen nicht mit zur Jagd und konnten daher auch keinen Platz in der Hierarchie erringen, egal wie viele Wurzeln und Früchte sie sammelten. Fleisch war aufgrund seines hohen Fett- und insbesondere Eiweißgehaltes die höherwertige und damit sehr geschätzte Nahrung. Dass insbesondere Frauen durch das richtige Kochen der Nahrung, deren Inhaltsstoffe besser verwertbarer machten, kommt erst heute ins Bewusstsein der meist männlichen Forscher[21].

Weiter vorne im Buch habe ich die Beobachtung auf dem Schimpansenfelsen beschrieben. Frau und Mann werden meiner Meinung nach auch heute noch von diesen biologischen Mechanismen getrieben. Daran hat auch die Feminismusbewegung seit den 1970er Jahren nicht viel geändert. Die freiwillige Umerziehung braucht letztlich noch viele Generationen, ist aber vielleicht trotzdem möglich.

Vielleicht ist auch über die dann andere Umwelt eine Veränderung der Gene möglich, denn Menschen sind „offene Systeme", wie dies in der Epigenetik zutreffend beschrieben wird. Zufällige Genmutationen setzen sich m.E. bei veränderten Lebensverhältnissen oder verändertem Verhalten durch. Das zeigt z.B. eine bestimmte Genmutation, die an der Regulation der Informationsweiterleitung beteiligt ist und damit zur Herstellung einer erhöhten Aufmerksamkeit dient, die wiederum die schnelle „Flucht oder Kampf-Reaktion" beeinflusst. Dr. Kay Jüngling berichtet von seiner Forschung am Neuropeptid S, das sich in seiner Zusammensetzung je nach Genvariante um genau eine Aminosäure unterscheidet. Bei allen Säugetierspezies besteht das Neuropeptid aus den Bausteinen ATT mit der Aminosäure Isoleucin. In der Genvariation, die sich im modernen Menschen findet, besteht aus den Bausteinen AAT mit der Aminosäure Asparagin. Diese letzte Zusammensetzung führt dazu, dass die Nervenzellen nicht so heftig gereizt werden und damit die Individuen weniger schnell Angst verspüren. Diejenigen Menschen, die die ursprünglichen Bausteine ATT in ihren Genen tragen, gelten als Risikogruppe für Angsterkrankungen, wie z.B. der generalisierten Angststörung.[22] Natürlich ist diese Zusammensetzung der Bausteine zur Informationsweiterleitung nicht allein für die Empfindlichkeit für Angsterkrankungen verantwortlich. Was damit gezeigt werden soll ist, dass die biologischen Grundlagen sehr deutlich in das Verhalten der Menschen eingreifen. Übrigens haben häufiger Frauen die ursprüngliche Zusammensetzung des Genabschnittes Nr. 107 mit ATT und Frauen sind auch häufiger von Angsterkrankungen betroffen.

Doch auch die gemachten Erfahrungen - man könnte auch die Kultur sagen - prägen unser Gehirn und damit unser Verhalten, wie dies Prof. Dr. Hüther meint. In den Untersuchungen zum räumlichen Vorstellungsvermögen, die verschiedene Naturvölker einbezogen, wurde ermittelt, dass Frauen bei den Inuit die gleichen Leistungen wie Männer beim räumlichen Vorstellungsvermögen erbringen[23]. Inuitfrauen gehen mit auf die Jagd. Die Erziehung von Jungen und Mädchen unterscheidet sich bei den Inuit deutlich weniger als in unserem Kulturkreis. Dies ist meiner Meinung nach ein Hinweis darauf, wie plastisch, das heißt formbar, unser Gehirn ist, wenn es die richtigen Reize erhält. Wir brauchen also in unserer Gesellschaft die entsprechenden Reize, um die Gehirne entsprechend zu formen, was dann wirkt und biologisch nachweisbar ist. Deshalb trete ich ganz klar für gesetzliche Quoten von Frauen in Vorständen und Aufsichtsräten ein, die heute fast allerorts männlich dominiert sind. Nur über diesen Zwang werden sich die Spielregeln der heute als ausgesprochen männlich zu bezeichnenden Machtausübung ändern müssen. Freiwilligkeit hilft nicht, denn die Macht-Männer würden in ihren Augen ja nur verlieren, indem sie ihren hierarchisch hohen Status einbüßen.

2. Der Verwandte

Man / frau findet ihn ganz natürlich oft in Familienunternehmen: der Sohn oder Neffe, die Tochter oder Nichte des Firmeninhabers. Bei mittelständischen Familienbetrieben ist dies nichts Ungewöhnliches und frau kann sich darauf einstellen, da die Situation offen und klar ist. Manchmal sind die verwandtschaftlichen Verbindungen nicht so leicht zu erkennen und besonders oft in eher ländlich gelegenen Unternehmen anzutreffen. Da ist der Sohn des Personalleiters im Pflegedienst oder der Neffe des Betriebsratsvorsitzenden in der Technikabteilung des Krankenhauses zu finden.

Aber auch vermeintlich städtische Firmen und Organisationen strotzen vor verwandtschaftlichen Verbindungen. Da ist es der Neffe des Vereinsvorstandes, der trotz mäßiger Kenntnisse und Leistungen, geschützt von seinem Onkel im Vorstand, Karriere macht oder die Tochter bzw. Ehefrau eines Vorstands- oder Aufsichtsratsmitgliedes die meint, besondere Privilegien einfordern zu können. Das erkennt frau erst, wenn sie mittendrin in der Organisation ist. Und es soll niemand glauben, dass frau vorab auf solche Beziehungen zum Beispiel vom Personalberater hingewiesen würde – weit gefehlt! Dies kommt erst beim Smalltalk in der Teeküche oder ähnliche Gelegenheiten heraus. Dann muss frau sich entscheiden: will sie den Verwandten nicht auf die Füße treten und ggf. die Arbeit des schwachen Mitarbeiters oder der schwachen Mitarbeiterin mit erledigen und deren schwache Performance decken oder fordert sie unabhängig vom Verwandtschaftsverhältnis die entsprechende Leistung und das Verhalten eines „normalen" Mitarbeiters? Dies ist eine sehr schwierige Frage, deren Antwort auch vom Mut der Spitzenfrau abhängig ist. Es kann immerhin passieren, dass sich die Situation in der Zusammenarbeit zuspitzt oder zugespitzt wird.

Letztlich muss ich leider sagen, dass bei engen verwandtschaftlichen Beziehungen in Unternehmen und Organisationen sehr große Vorsicht geboten ist, wenn diese bei Schlechtleistung als Schutz vor Konsequenzen benutzt werden. Es erscheint mir besser, solche Bereiche zu meiden oder ggf. zu verlassen. Leider bewahrheitet sich das Sprichwort „Blut ist dicker als Wasser" immer wieder. Meine Lebenserfahrung hat mir gezeigt, dass die Eigenschaften von Leistungsfähigkeit und Kompetenz für die Verwandten dann doch nicht in gleichem Maße wie bei nicht verwandten Mitarbeiterinnen und Mitarbeitern gelten.

Doch fehlende Leistungsfähigkeit wird die Konkurrenz am Markt ausnutzen. Die Organisationen und Firmen, bei denen Verwandtschaftsbeziehungen herrschen und diese dann als Möglichkeit zur Vetternwirtschaft genutzt werden, werden auf dem Markt große Probleme haben und meines Erachtens letztlich verschwinden. In der Sprachregelung der Organisation wird nie die verwandtschaftlichen Beziehungen schuld am Marktversagen sein.

Ich kann nur jeder leistungsstarken Frau raten, sich baldmöglichst aus solch einer Organisation zu verabschieden. Ihre Leistungsstärke wird immer wieder von den vorgesetzten Verwandten negativ bewertet werden, denn das durch sie gesetzte Niveau kann bzw. will die beschützte Verwandtschaft ja nicht erreichen. Handelt es sich zudem um männliche Verwandte, so wird die leistungsstarke Frau immer wieder die männliche Hierarchie bedrohen und ihr wird von den mittelmäßigen Männern das Arbeitsleben schwer gemacht. Liebe Leserin: tun Sie sich das nicht an und lassen Sie eine solche Organisation ohne Sie vom Markt verschwinden. Das macht sich letztlich in Ihrem Lebenslauf viel besser.

Der Einspruch, dass kriminelle Clans mit ihren verwandtschaftlichen Beziehungen doch auch funktionieren, stützt sich auf die Tatsache, dass in deren Strukturen auch der Leistungsgedanke in seiner reinsten Form gilt - wenn auch mit vollkommen anderen Methoden und Moralvorstellungen. Als Lehrstück kann hier der Film „Der Pate" gelten. Für jedes Mitglied der „Familie" wird ein Platz gefunden – nur leistungsschwache Familienmitglieder steigen in der Hierarchie eben nicht auf.

2.1 Beispiel aus dem Leben

In einer Organisation waren Neffe und Nichte des Vorstandes angestellt. Jede meiner Arbeitsanweisungen, Worte und Blicke wurden auf die Goldwaage gelegt und immer dahingehend bewertet, dass Neffe und Nichte eine besonders privilegierte Behandlung zustand. Allerdings habe ich mich bemüht, die beiden verwandten Personen freundlich, aber doch wie alle anderen Mitarbeiterinnen und Mitarbeiter zu behandeln. Ich habe ihnen also keine Privilegien zugestanden. Dies habe ich in einem Gespräch gleich zu Beginn dem Neffen vermittelt. Die Zusammenarbeit war zuerst auch gut, doch aufgrund anderer Probleme des Neffen mit einer Kollegin und einem vom Vorstand für den Neffen dann doch nicht durchgeführten Gehaltssprunges, wurde unser Verhältnis schlechter. Das wiederum rief den Onkel im Vorstand auf den Plan, der meine besondere Aufmerksamkeit und Zuwendung für Neffe und Nichte einforderte.

Nun bin ich nicht der Mensch, der auf Kommando besondere Sympathie heucheln kann und will. Ich halte Heuchelei für unehrlich und auch für gefährlich in den zwischenmenschlichen Beziehungen im Arbeitsleben. In der Bewertung des Vorstandes habe ich also nicht zur vollen Zufriedenheit funktioniert, „die (verwandten) Mitarbeiter nicht mitgenommen", sie nicht ausreichend „wertgeschätzt". In der Folge wurde mein Verhältnis zum Vorstand schlechter. Bezogen auf die Aufgabenerledigung, Leistung oder Beschwerden anderer Mitarbeiterinnen und Mitarbeiter fand der Vorstand mir gegenüber keine Kritikpunkte. Also wurde das Thema der fehlenden Wertschätzung von Neffe und Nichte immer wieder behandelt und schleichend auf alle Mitarbeiter und Mitarbeiterinnen ausgeweitet. Mit der Zeit konnte so bei der Mehrheit der Vorstandsmitglieder das Gefühl erzeugt werden, dass am Argument der fehlenden Wertschätzung ALLER Mitarbeiterinnen und Mitarbeiter scheinbar doch etwas dran war.

Fehlende „Wertschätzung" und mangelnde „Mitnahme" der Mitarbeiterinnen und Mitarbeiter sind meines Erachtens inzwischen Totschlagargumente. Ich finde es sehr schade, dass besonders der Begriff der fehlenden Wertschätzung so inflationär und auch mit dem Zweck benutzt wird, eine andere Person zu diskreditieren und / oder unter Druck zu setzen. Es gibt kein allgemeingültiges Maß der notwendigen Wertschätzung und jeder Mensch versteht qualitativ etwas anderes darunter. Hier rede ich ausdrücklich nicht von schlechtem Umgang mit Menschen oder gar Mobbing. Es ist nur sehr unterschiedlich, welchen (Arbeits-) Druck der einzelne Mensch erträgt, zu welchen Leistungen er oder sie fähig sein kann, auf welches Lob ein Mensch positiv reagiert und welche Art und Menge an Zuwendung er benötigt.

2.2 Hormongesteuerter Schutz der eigenen Sippe

„Blut ist dicker als Wasser" lautet das bekannte Sprichwort, wenn sich Verwandte und / oder Familienmitglieder gegenseitig helfen, unterstützen und schützen. Ich glaube, dass dieses Verhalten biologische und evolutionäre Grundlagen hat.

Das Hormon Oxytocin ist auch als „Kuschelhormon" bekannt. Oxytocin ist ein Hormon und gleichzeitig ein Neurotransmitter, der in der Hirnanhangdrüse hergestellt wird. Es ist für den Geburtsvorgang notwendig, in dem es die Kontraktion der Gebärmutter bewirkt und so die Wehen der Geburt auslöst und reguliert. Gleichzeitig bewirkt es den Milcheinschuss bei der Mutter. Eine weitere

Funktion des Oxytocin ist die bindungsfördernde Wirkung zwischen Mutter und Kind. Es reguliert auch noch den Blutdruck und die Ausschüttung des Stresshormons Cortisol. Oxytocin wird außerdem bei sozialen Bindungen, Berührungen und Geschlechtsverkehr ausgeschüttet. Es macht empfänglich für zwischenmenschliche Signale und stärkt das Vertrauen in andere Menschen und in das eigene Handeln.

Allerdings gibt es hierzu auch unterschiedliche Befunde in der Auswirkung von Oxytocin bei Gruppen, Frauen und Männern. Nach einer Untersuchung der Universität Amsterdam[24] stärkt Oxytocin die Bindung zur eigenen Gruppe und gleichzeitig die Rivalität zu allem, was der Gruppe bedrohlich erscheint. Gegenüber anderen Gruppen macht es demnach aggressiver.

Es wurde aber noch etwas Wesentliches festgestellt. In einer Untersuchung der chinesischen Universität in Chengdu wurden von Shan Gao, Benjamin Becker und Weiteren[25] unterschiedliche Wirkungen des Oxytocin bei Frauen und Männern festgestellt. Das Hormon und der gleichzeitige Neurotransmitter machten die Amygdala (Mandelkernkomplex) aktiver. Dies ist der evolutionsgeschichtlich alte Teil des Gehirns, der für die emotionale Einfärbung von Informationen zuständig ist. Dieser ist mit dem Thalamus gut vernetzt, der die Eindrücke unserer fünf Sinne verarbeitet und mit dem Hypothalamus, der unser vegetatives Nervensystem steuert. Die Amygdala ist ebenso an der Erkennung von Gefahren und der daraus folgenden

Entstehung von Angst beteiligt und daneben auch an der Gesichtererkennung. Sie denkt quasi für uns, wenn es darum geht, eine Gefahr schnell zu erkennen und sofort mit Flucht oder Kampf zu reagieren.

Bei dem Versuch der chinesischen Universität Chengdu bewirkte das Oxytocin unterschiedliche Reaktionen bei Frauen und Männern. Es wurden beiden Geschlechtern Bilder von anderen Personen gezeigt, die entweder mit lobenden oder kritischen Äußerungen unterlegt waren. Bei Frauen führte das Oxytocin dazu, dass sie mehr Zustimmung zu den Bildern mit den positiven Äußerungen machten. Männer dagegen zeigten mehr Zustimmung zu den Bildern, die mit den kritischen Äußerungen unterlegt waren. Als Erklärung für die unterschiedliche Wirkung des Oxytocin führen die Forscher an, dass Frauen sich in sozialen Gruppen wohler fühlen, während Männer eher konkurrenzbetont sind und daher eine emotional negativere Einstellung zu ihren Geschlechtsgenossen haben.

Diese Ergebnisse zur Wirkung von Oxytocin bei Männern passen zu meinen Erfahrungen mit der Haltung des männlichen Vorstandes in Bezug auf seinen Neffen. Zunächst gehe ich davon aus, dass der Onkel seine Verwandtschaft biologisch - und damit für ihn selbst unbewusst - als seine eigene Sippe bzw. Gruppe ansieht. Deren Mitglieder sind gegen Bedrohungen von außen zu verteidigen. Diese Bedrohung war nun einmal ich, die den Neffen und die

Nichte als „normale" Mitarbeiter und Mitarbeiterin behandelte. Schon allein dies dürfte als Erklärung für die heftige Reaktion des Onkels ausreichen.

Wenn ich dann noch das Forschungsergebnis der chinesischen Universität bedenke, dann hatte ich in der Konstellation als nicht mit dem Onkel verwandte Frau keine Chance. Schließlich gehörte ich zu der die eigene Sippe bedrohenden Gruppe der „Außenstehenden".

Ein weiteres psychologisches Phänomen mag beim Verhalten des Onkels mitgespielt haben. Der Umgang mit Macht und Korruption ist stark abhängig von der Herkunftskultur. Transparency international veröffentlicht jedes Jahr einen Index, der die Anfälligkeit der Gesellschaft und insbesondere der Wirtschaft für Korruption misst[26]. Hier hat Deutschland in den letzten Jahren stetig Rangplätze verloren. Dänemark, Neuseeland und Finnland führen die Rangliste als Staaten mit geringster Korruption an.

Sehr interessant sind hierzu die von Prof. Dr. Dr. Spitzer vorgestellten Untersuchungen zur Korrelation von Macht und eigenem Verhalten[27]. Dabei kam heraus, dass mächtige Menschen in Bezug auf das eigene Machtverhalten geringere Ansprüche stellen als Menschen mit geringer Macht. Mächtige Menschen beurteilen dagegen das Verhalten anderer Menschen wesentlich kritischer als Menschen mit geringer Macht.

Möglicherweise kam dieses Phänomen beim Onkel im Vorstand ebenfalls zum Tragen. Er beurteilte meine Per-

sonalführung wesentlich kritischer als seine eigene verwandtschaftliche Nähe zum Neffen. Die einzige Möglichkeit, dieses Phänomen einigermaßen in den Griff zu be-
kommen, ist die Einführung von Kontrollen. Die Weltbank
hat dazu in Indien - einem lt. Transparency International
höchst korrupten Staat - ein Experiment gemacht. Sie hat
den Kommunen eine bestimmte Summe Geld für den Stra-
ßenbau zur Verfügung gestellt. Ein Teil der Kommunen
wurde aufgefordert, dass die Ausgaben durch Gemeinde-
versammlungen kontrolliert wurden. Dem anderen Teil der
Kommunen wurde mitgegeben, dass die Straße nach Fer-
tigstellung hinsichtlich Qualität und Quantität streng kontrolliert werde. Dies wurde dann auch durchgeführt. Es
wurde festgestellt, dass allein die angedrohte und durchge-
führte Kontrolle die korruptionsfreie Geldverwendung si-
cherstellen konnte. Dies wäre auch bei der Organisation
notwendig gewesen. Allerdings fehlte eine unabhängige
Instanz, die den Vorstand kontrollierte.

3. Der Kurze

In meinem Berufsleben ist mir so mancher kurze, d.h.
klein gewachsener Mann begegnet. Vor diesen kurzen
Männern kann ich Sie, liebe Leserin, nur warnen. Sie sind
meist äußert empfindlich, bissig, ehrgeizig und sehr oft
auch leistungsstark im Sinne einer besonderen Cleverness,
die sich nicht immer an die normalen Regeln von Ethik und
Anstand hält.

Wenn sich der kleine Junge schon bei den Rangeleien im Kindergarten oder in der Schule körperlich nicht durchsetzen kann, muss er andere Durchsetzungsstrategien entwickeln, wie zum Beispiel Lügen, Bestechen, den gezielten Einsatz von Charme oder Überredung. Jedenfalls wird er sehr schnell lernen müssen, auf welche Triggerpunkte sein Gegenüber besonders empfindlich reagiert und sich leicht manipulieren lässt: Eitelkeit oder Mitleid usw.

Sich gegen ein Mädchen durchzusetzen gilt dabei nicht, es zählt einzig die Stellung innerhalb der männlichen Hierarchie! Louann Brizendine hat beobachtet, dass kleine Jungen im Alter von nur drei Jahren es als größte Beleidigung ansehen, wenn sie als „Mädchen" bezeichnet werden. Ab diesem Alter ist selbst das Spielen mit Mädchen unmöglich. Tut dies ein Junge dennoch, so ist dies dem hierarchischen Rang des Jungen äußerst abträglich. Dies ist ein weiterer Hinweis darauf, dass Jungen und Männer ihr Selbstbewusstsein aus der Stellung innerhalb der rein männlichen Hierarchie beziehen.

Prof. Schwanitz beschreibt dies sehr amüsant in seinem Buch „Männer - eine Spezies wird besichtigt". Männer befinden sich im permanenten Konkurrenzverhalten zu anderen Männern. Daher kommt auch ihr meist ausgeprägtes Statusbewusstsein und hierüber beziehen die meisten ihr Selbstbewusstsein. Der Werbeslogan einer großen Bank, bei der sich zwei Männer mit ihren Erfolgen um „mein Auto, mein Haus, mein Swimmingpool" gegenseitig übertrumpfen wollen, zeigt dies sehr eindrücklich.

Louann Brizendine zitiert in Ihrem Buch „Das männliche Gehirn" wissenschaftliche Studien die nachweisen, dass kleine Jungen bereits in der ersten gemeinsamen Spielstunde eine Hierarchie auskämpfen und diese Hierarchie dann für die gesamte Zeit der gleichen Zusammensetzung der Spielgruppe, z.B. für ein Jahr, fest bestehen bleibt.

Bei Mädchen ist dies anders. Sie finden sich innerhalb der Spielgruppe in kleinen Grüppchen zusammen, deren Hierarchie weniger ausgeprägt und flexibler ist. Mädchen suchen keine Hierarchie, sondern Verbindungen und persönliche Beziehungen. Sie schaffen Netzwerke, bei deren Teilnehmerinnen es nicht oder nur sehr wenig auf die hierarchische Stellung ankommt.

Anders ist dies bei Jungen und erst recht bei Männern. Sie suchen keine - schon gar keine persönlichen - Verbindungen, sie bewegen sich aufgrund ihrer hierarchischen Brille stets innerhalb von Hierarchien und dies tun sie mit Hilfe von Seilschaften. Diese sind etwas völlig anderes als die Grüppchen der Frauen.

Eine Seilschaft ist ursprünglich eine Gruppe von Bergsteigern, die sich mit einem Seil gegenseitig sichern. Im politischen und gesellschaftlichen Verständnis versteht man darunter eine Gruppe von Personen, die zusammenarbeitet und sich gegenseitig begünstigt. Hierbei haben Männer überhaupt kein Problem, auch ehemalige Gegner oder unsympathische Zeitgenossen in die Seilschaft einzubinden - Hauptsache, sie sind nützlich.

Der Kurze hat dies im Laufe seines Lebens ganz besonders gut gelernt, denn er konnte nie ausschließlich aufgrund seiner körperlichen Kraft und Größe auch nur in die Nähe einer hohen Hierarchieposition kommen. Dies fehlte ihm ja.

Gerade der Gedanke der Nützlichkeit steht bei Männern im beruflichen Kontext im Mittelpunkt. Für sie ist ganz klar, dass trotz aller zur Schau gestellten Freundlichkeit keiner dieser Männer eine intime Stellung einnimmt. Bei Frauen ist dies anders. Eine Frau würde eine ehemalige Konkurrentin oder gar Feindin niemals in ihre Gruppe einbinden. Zu tief ist für sie die seelische Verletzung gewesen. Das ist aber ein erheblicher Nachteil für die Frauen, die die Karriereleiter hinauf wollen. Soll frau sich hier etwas von den Männern abgucken? Auch nach über 25 Jahren Karriere habe ich bei diesem Weg noch immer Zweifel. Der Verstand sagt ganz klar, dass das Verhalten der Männer im Sinne einer Seilschaft günstiger im Berufsleben ist. Leider rebelliert mein Herz immer noch dagegen. Es ist mir auch heute noch zuwider, Menschen rein nach Nützlichkeitserwägungen in meine persönliche Nähe, das heißt in meine Gruppe, zu lassen. Hier scheinen die biologischen Grundlagen ganz heftig das Steuer zu führen.

Allerdings kann ich mir auch für Frauen eine Möglichkeit aus diesem - biologischen? - Dilemma herauszukommen vorstellen. Dabei geht es um die Trennung von privaten und beruflichen Freunden. Damit kann ich gut leben.

Die beruflichen „Freunde" kann frau auch nach Nützlichkeitserwägungen aussuchen, muss sich jedoch stets bewusst sein, dass in diesem Kontext ein Offenlegen des eigenen Seelenlebens nicht in Frage kommen darf.

Das stellt für Frauen allerdings eine Herausforderung dar. Frauen haben im Gegensatz zu Männern eine wesentlich differenziertere und sensiblere Art die eigenen Gefühlen zu empfinden, zu interpretieren und zu äußern. Frauen untereinander können sehr nuanciert über ihr Seelenleben sprechen. Männer sprechen dagegen nicht über die eigenen Gefühle. Diese für die eigene Psychohygiene der Frauen so wichtigen Gespräche müssen dann den rein privaten Freundinnen vorbehalten bleiben.

Nach Prof. Dietrich Schwanitz[27] ist bei Männern die Abspaltung vom eigenen Gefühlsleben ein Ergebnis des Initiationsritus, den jeder Junge in der Pubertät durchlaufen muss, um seine Stellung in der Männergruppe zu finden und als Mann zu gelten. Dazu gehört, dass er seine Angst besiegen und zum Beispiel eine Mutprobe bewältigen muss. Diese besteht er, indem er sich den Zugang zu seinen Gefühlen verschließt. Ist dies schließlich gelungen, dann kann er als Folge oft die eigenen Gefühle nicht mehr korrekt zuordnen. Dann wird zum Beispiel das ursprüngliche Gefühlt der Angst in das Gefühl von Wut umgedeutet. Die weibliche differenzierte Schilderung von Gefühlszuständen verunsichert den Mann daher ungemein. Er braucht klare Abgrenzungen, um sich bei sich selbst zurechtzufinden. So wird er ein Meister des Sortierens und Katalogisierens. Die differenzierte Beschreibung der Gefühle wird lt. Prof. Dietrich Schwanitz in die Außenwelt verlagert. Hier kann er stundenlang über die verschiedenen Flügelmaße seiner Modellflugzeuge, die notwendigen Bodenverhältnisse für die Rosenzucht oder das Torverhältnis in der Bundesliga referieren. Ob er zum Beispiel in Bezug auf eine kritische Situation eher ängstlich oder ärgerlich war, kann er leider nicht unterscheiden. Im Zweifelsfall wird er sein dumpfes Gefühl eher im Sinne seiner hierarchischen Stellung interpretieren - also eher in aggressiver Art und Weise.

Der kurze Mann hat noch einen weiteren Nachteil zu kompensieren. Meist geht mit der längeren Körpergröße von Männern ein längerer Hals mit längeren Stimmbändern und damit eine tiefere Stimmlage einher. Die tiefe Stimme wird biologisch unbewusst als Dominanz gedeutet, und zwar von Männern UND Frauen. Kurze Männer haben also mehrere Probleme: eine geringe Körpergröße, geringere körperliche Kraft und eine höhere, d.h. weiblichere Stimmlage. Dies sind Qualitäten, die es dem heranwachsenden Jungen schwerer gemacht haben, einen hohen Rang innerhalb der männlichen Hierarchie zu erreichen. Deshalb muss sich der Kurze zwangsläufig andere Qualitäten aneignen, um in der Männerhierarchie einen höheren Rang zu erreichen und diesen auch zu verteidigen.

Bei Ihrem nächsten Besuch im Zoo verweilen Sie doch ein wenig bei den Gorillas. Der „Silberrücken", d.h. der ranghöchste Gorilla, sitzt meist allein und etwas abseits.

Wenn er sich zu Wort meldet, dann mit tiefer, dröhnender Stimme. Allein schon diese Stimme strahlt Dominanz und Kraft aus und hält die jüngeren Männchen, die ihm seinen Rang streitig machen könnten, auf Abstand. Nur die jüngsten Männchen - fast noch Kinder - schleichen sich von hinten an den Silberrücken heran und versuchen ihn zu ärgern. Sie üben dabei für die späteren Hierarchiekämpfe.

Noch eine weitere wissenschaftliche Erkenntnis wirft ein besonders Licht auf männliches Verhalten gegenüber Konkurrenten und Konkurrentinnen im Arbeitsleben, aber auch im allgemeinen Zusammenleben. Bedenken wir, dass meist Männer Kriege anzetteln und auch führen. Rund 93% der Gefängnisinsassen sind männlich und die Gewaltverbrechen werden ganz überwiegend von Männern verübt. Der höhere Testosteronspiegel von Männern scheint dies zumindest zum Teil zu erklären.

Man kann sich also fragen, ob es die Evolution nicht geschafft hat, einen Ausgleichsmechanismus zu entwickeln, der gleichsam vor den aggressiven Auswirkungen der Testosteronschwemme schützt. Dies ist (leider) nur zum Teil der Fall. Mit der Zugehörigkeit zur Horde, wie dies Prof. Schwanitz beschreibt, geht eine klare Einteilung der Welt in „Freund oder Feind" einher. So fällt es Männern auch leichter, einem Feind absichtlich Schmerzen zuzufügen. Prof. Dr. Dr. Spitzer[28] berichtet hier von neuen neurowissenschaftlichen Untersuchungen, die dies klar belegen. Danach reagiert das Schmerzzentrum von Frauen bei eigenen Schmerzen nur wenig heftiger als beim Mitansehen von Schmerzen, die jemand anderes erleidet. Dies gilt sowohl für die Freundin, wie auch für ausgewiesene „Feinde" der Frauen.

Etwas ganz anderes zeigen jedoch die Ergebnisse der Untersuchungen bei Männern. Auch bei ihnen reagiert das Schmerzzentrum auf eigene Schmerzen oder denen der Freunde. Das männliche Schmerzzentrum reagiert jedoch überhaupt nicht beim Mitansehen von Schmerzen, die dem „Feind" zugefügt werden. Im Gegenteil, es reagiert der Nucleus accumbens, der das Zentrum für (Vor-) Freude - in diesem Zusammenhang wohl der Schadenfreude - ist. Es ist besonders wichtig für Frauen in der beruflichen Männergesellschaft dies zu wissen und zu verstehen. Männer empfinden keinerlei Skrupel, einem Konkurrenten, d.h. dem „Feind" auch heftige Schmerzen zuzufügen. Sie erleben dabei sogar Freude. Auch dies kann zu einem weiteren Teil erklären, wie bedenkenlos oder skrupellos der Aufsichtsratvorsitzende der Agentur für Arbeit die weibliche Vorständin verdrängt hat.

3.1 Beispiel aus dem Leben

Einer meiner Kollegen war ein kurzer Mann. Ein intelligenter Mann, der seine Wichtigkeit mit langen, stilistisch anspruchsvollen Schriftsätzen unterstrich. Diese Schreibweise machte stets Eindruck auf die männlichen UND weiblichen Vorgesetzten, weil er ihnen damit zeigte, wie intelligent er war und sie sich glücklich schätzen sollten, gerade ihn als Mitarbeiter zu haben. Außerdem war er ein

Meister darin so zu tun, als würde er sich in einer Sache festlegen. Dabei ließ er sich immer ein Hintertürchen offen, damit er für den Fall der Fälle sagen konnte: seht her, ich habe schon zuvor davor gewarnt!

Er arbeitete strikt nach der Maxime: nur was für die eigene Abteilung gut ist, ist auch für die gesamte Firma gut. Durch den direkten Zugriff auf die Abteilungsmitarbeiter und deren gezielte Beförderungen bzw. Prämienverteilungen konnte er eine eingeschworene Seilschaft bilden, die sich gegenseitig deckte und begünstigte. Sie alle einte das äußere Ziel, die eigene Abteilung stets mustergültig aussehen zu lassen. Das innere Ziel war, die Mitglieder der Seilschaft zu begünstigen und in der Hierarchie innerhalb der Organisation aufzusteigen. Sie können sich denken, dass die Mitglieder der Seilschaft ausschließlich Männer waren. Seinen Namen im Zusammenhang mit einem unrund laufenden Projekt zu hören war ihm ein Gräuel. Daher kamen die Informationen aus seiner Abteilung stets sehr spärlich und waren immer für ihn positiv gefärbt. Er war sehr gut darin, sich ein Team von Mitarbeitern heranzuziehen, die genauso agierten: verschlossen agieren und ausschließlich gute Nachrichten an die Vorgesetzten geben.

3.2 Korpsgeist biologisch betrachtet

Das oben beschriebene Verhalten der Bildung von geschlossenen Abteilungen oder Systemen ist ein typisches Korps-Verhalten. Hierunter versteht frau das Standesbewusstsein, das den unbedingten Zusammenhalt der Mitglieder einer gesellschaftlichen Schicht oder einer Gemeinschaft fordert. Korpsgeist findet frau besonders ausgeprägt z.B. beim Militär oder der Polizei. Hier tritt einer für den anderen ein, egal um welche Angelegenheit es sich dabei handelt. Die Gemeinschaft ist wichtiger als der Einzelne und die Gemeinschaft muss vor Feinden geschützt werden! Korpsgeist findet sich besonders oft in rein männlichen Gruppen. Dies war auch in dem hier beschriebenen Fall so. Dabei reichte der Korpsgeist sogar bis in den männlichen Teil des gemischtgeschlechtlich besetzten Vorstandes hinein.

Der Zusammenschluss im Sinne eines Korps war in den unsicheren steinzeitlichen Zeiten ein Überlebensfaktor und ist als biologisches Programm ganz offensichtlich zum Schutz der eigenen Sippe und damit der Weitergabe der eigenen oder verwandten Gene tief in den Männern verankert. Bei Frauen findet sich die Entsprechung bei der Verteidigung der eigenen Kinder.

Prof. Dietrich Schwanitz spricht in diesem Zusammenhang auch von der „Männerhorde". In ihr fühlt sich der Mann als Teil einer großen Macht, wobei die Größe der Horde mit deren Mächtigkeit gleichgesetzt wird. Zu solchen Gemeinschaften gehören Frauen einfach nicht, denn in der Horde gilt eine strikte Hierarchie mit klaren Befehlswegen und Statussymbolen. Frauen denken und fühlen jedoch nicht in erster Linie hierarchisch, sondern in persönlichen Verbindungen.

Wie erkennt frau solche Männer? Einmal sollte eine kurze Körpergröße alle Warnsignale auf rot stellen. Kann frau beobachten, dass sich dieser Mann ausschließlich mit Männern in seiner nächsten beruflichen Umgebung umgibt, sollten zusätzlich alle Alarmglocken schrillen. Natürlich meine ich nicht die Sekretärin oder die hübsche Sachbearbeiterin. Diese dienen dazu, seinen männlichen Status bzw. seine Männlichkeit zu unterstreichen. Es geht um die wichtigen Posten: der Vertreter des Abteilungsleiters, der Fachmann auf einem Spezialgebiet - sie alle sind Männer. Frauen sind auf dieser Ebene nicht (mehr) vorhanden.

Im Umgang mit einem solchen kurzen Mann ist äußerste Vorsicht geboten! In meinem Fall schreckte er nicht davor zurück, mit Lügen gegen mich zu arbeiten. Er wollte sich dem übergeordneten Firmenziel nicht unterordnen, das seine Freiheit in Bezug auf die Organisation seiner Abteilung beschnitten hätte. Ein Mann darf leider in unserer Geschäftswelt Methoden einsetzen, die bei einer Frau nicht akzeptiert werden. Oder haben Sie schon einmal in einem Meeting eine unangemessene Lautstärke von einer Frau gehört? Ein Mann - auch dieser kurze Mann - durfte das! Unter Männern wird auch toleriert, wenn diese lügen und betrügen. Vera Birkenbihl[29] zitierte im Vortrag „Männer-Frauen; Mehr als der sogenannte kleine Unterschied?" die statistischen Ergebnisse von Dieter Otten, wie sie in seinem Buch „MännerVersagen" veröffentlicht sind. Danach ist es für 74% der repräsentativ befragten Männer in Ordnung, wenn sie um des eigenen Vorteils willen lügen, 50% halten Betrug für ein akzeptables Mittel zur Zielerreichung und immerhin 25% sehen Gewalt als legitim bzw. tolerierbar an. Die gleichen Fragen werden von Frauen wesentlich defensiver beantwortet. Das glauben Sie nicht? Nur drei weitere Zahlen sollen die unterschiedliche Bewertung von Lug, Betrug und Gewalt illustrieren: am 30.11.2018 zeigte das statistische Bundesamt, dass 93% der erwachsenen Gefängnisinsassen in Deutschland männlich sind. In den Jugendstrafanstalten sitzen 95% Jungen und junge Männer ein, in der Sicherungsverwahrung sind es 99,8% Männer. Das muss doch aufhorchen lassen und scheint zu bestätigen, dass Agressivität und Testosteron zusammen gehören! Doch davon später ausführlich.

4. Der Heuchler mit verborgenem Minderwertigkeitsgefühl

Frau kann ihn überall treffen - den freundlich-jovialen Kollegen oder Vorgesetzten. Er verbreitet den Eindruck, dass er gerade diese Frau in der Position haben wollte, weil sie so kompetent ist. Leider ist erst auf den zweiten Blick zu erkennen, dass er ein begnadeter Heuchler ist. Seine zur Schau getragene Freundlichkeit ist seine perfide Masche.

Sein Vorgehen ist gekonnt. Frau wird aufgrund ihrer Kompetenz gelobt, dazu kommen sogar noch Komplimente z.B. für die schöne neue Frisur, das gut aussehende Kleid. Das erweckt bei frau den Eindruck, dass er doch einfach nur ein netter Mann ist, der sogar ihre weibliche Seite erkennt und ihr auch menschlich wohlgesonnen ist. Mit der Zeit deutet der Heuchler in Gesprächen mit der Spitzenfrau die ersten negativen Wahrnehmungen über sie an. Das ist alles noch nicht problematisch? Weit gefehlt! In den Runden ohne die Spitzenfrau wird er nicht müde, alle ihre – angeblichen - Fehler und seine menschliche Enttäuschung über sie zu verbreiten. Darin zeigt er eine bemerkenswerte Ausdauer. Bei der Spitzenfrau kommt höchstens ein leichtes Kräuseln der Wasseroberfläche an. Also rate ich zu höchster Vorsicht vor ausnehmend freundlichen Männern im Berufsalltag. Dieses Verhalten passt nicht zu ihrem natürlichen Konkurrenz betonten Verhalten. Frau sollte die Ohren spitzen, was die Gerüchteküche über den Mann sagt, selbstverständlich aber die Gerüchte nicht anheizen. Sie muss ihre Schlüsse ziehen und besonders vorsichtig agieren.

Manche Berater oder Coaches empfehlen, den Heuchler direkt auf sein Vorgehen anzusprechen. Doch ich persönlich halte hiervon wenig, denn eine solche Ansprache wird nur unter vier Augen möglich sein und dann wird er alles leugnen. Das einzige Ergebnis wird sein, dass er erkennt, dass frau ihn durchschaut hat. Er wird dann seine Heuchelei um so geschickter fortsetzen. Meines Erachtens besteht die einzige Möglichkeit darin, sowenig berufliche Informationen an den Heuchler zu geben wie nur möglich, um ihm das heimtückische Schlechtreden und Intrigieren so schwer wie möglich zu machen. Das ist leider nicht immer einfach. Ist er jemand, der eine wichtige Position bekleidet, dann sollte sich frau fragen, was das Motiv seiner Heuchelei ist. Steht dieses im klaren Gegensatz zur Leistungsorientierung der Spitzenfrau, dann sollte sie sich ernsthaft einen Stellenwechsel überlegen, bevor die Heuchelei Wirkung zeigt und sie ins Feuer gerät.

4.1 Beispiel aus dem Leben

In einer Organisation wechselte mein Vorgänger im Amt eine Ebene nach oben. Ich war nach seinen eigenen Aussagen seine Wunsch-Nachfolgerin. Im Wesentlichen warteten drei größere Projekte auf mich, die unter seiner Ägide beschlossen wurden, die er aber nicht umgesetzt hatte. Als ich nun die Aufgaben abarbeitete und dabei mit den Mitarbeitern ein Veränderungsprozess durchlaufen werden musste, kamen mir sehr subtil die ersten kritischen Äußerungen zu meiner Arbeitsweise zu Ohren, die er innerhalb seiner neu errungenen Ebene streute. Mir gegenüber äußerte er keine Kritik.

Tatsächlich aber lag sein verborgenes Motiv darin, dass nun deutlich wurde, dass mit einer strukturierten und konsequenten Arbeitsweise die erfolgreiche Durchführung der drei Projekte möglich war. Diese hatte er stets vor sich hergeschoben. Für mindestens eines der Projekte fehlte ihm schlicht noch dazu das Fachwissen. Diese Situation war für ihn unerträglich und er arbeitete im Untergrund an meiner Diskreditierung.

Nicht nur, dass die Projekte erfolgreich abgeschlossen wurden, auch weitere Aufgaben, die jenseits seiner fachlichen Kompetenz lagen, wurden von mir erfolgreich erledigt. Es wurde deutlich, dass der Heuchler im Grunde ein

Low Performer war. Er hatte die geforderte Leistung damals nicht erbracht. Das konnte er jedoch nicht ertragen. Demzufolge nutzte er seine männliche Seilschaft aus und ich wurde ohne Vorwarnung innerhalb von fünf Minuten ohne Begründung entlassen. Das schockierte nicht nur mich, sondern auch alle meine damaligen direkten Mitarbeiterinnen und Mitarbeiter. Von diesen rund 20 Personen äußerten lediglich zwei bekannte Low Performer Kritik an meinem Führungsverhalten und meiner Person. Es gibt stets Mitarbeiter, die mit ihrer Führungskraft nicht zufrieden sind und das liegt nicht immer ausschließlich an ihr. Es wurde sogar von Mitarbeitern und Kunden der Wunsch geäußert, die Entscheidung meiner Entlassung zurückzunehmen. Diesen Wunsch habe ich als Kompliment für meine Führung und Leistung aufgenommen.

Die Führung von Unternehmen und Organisationen wird sich solch eine Art der Führung - und damit der Vorbildfunktion - zukünftig immer weniger leisten können. Schon heute ist ein solches Verhalten inakzeptabel und schädigt die Unternehmenskultur. Die Wirkung eines solchen Vorgehens ist eine große Verunsicherung der gesamten Belegschaft. Es kann ja jederzeit ein Mitarbeiter entlassen werden, wenn einem Vorgesetzten dessen Nase nicht passt. In Zeiten des Mangels von Fachpersonal ist das keine weitblickende Unternehmensentscheidung.

4.2 Neid und Minderwertigkeitsgefühl

Es bedarf keiner umfangreichen psychologischen Kenntnisse um zu erkennen, dass bei dem Heuchler schlicht und einfach das Neidgefühl kombiniert mit der ungewollten und ungeliebten Erkenntnis der eigenen Minderleistungsfähigkeit bestand. Dies war schmerzhaft und unerträglich für ihn und er musste die Ursache für seine Schmerzen entfernen. Sie, liebe Leserin, kennen das Bonmot im Geschäftsleben: „Kennen Sie den besten Mann in ihrer Firma? Werfen sie in raus!" Dies bringt die ganze Geschichte auf den Punkt.

Sicher hätte der männliche Vorstand auch Schmerztabletten nehmen können, denn diese wirken bei seelischen Schmerzen wie Einsamkeit oder Ausgrenzung genauso gut wie bei körperlichen Schmerzen, z.B. einer Brandverletzung oder einem verstauchten Fuß. Das gleiche Schmerzzentrum im Gehirn ist für die Verarbeitung von körperlichen oder seelischen Schmerzen zuständig.

5. Der kleingeistige Schnäppchenjäger

Frau kennt den egoistischen Schnäppchenjäger als Menschen, der gerne die betrieblichen Möglichkeiten mit seinen privaten Notwendigkeiten verknüpft. Aufopferungsvoll erklärt Mann sich bereit, sich noch in seiner Freizeit oder seinem Ehrenamt für den Betrieb oder den Verein einzusetzen. Zunächst klappt es, dieses Eindruck bei den meisten Zuschauern zu erwecken. Erst auf den zweiten Blick erweist sich sein besonderes Engagement als zutiefst eigennützig. Die mögliche Verknüpfung von betrieblichem und privaten Interesse ist zur zweiten Haut beim Schnäppchenjäger geworden. Solche Möglichkeiten sieht und nutzt er sofort, wie das folgende Beispiel sehr schön verdeutlicht.

5.1 Beispiel aus dem Leben

Da wird aus der Anreise zum Urlaubsort schnell eine Dienstreise, da sich das Vorstandsmitglied ja noch mit dem örtlichen Geschäftsführer zu einem akuten Problem besprechen muss. Ganz uneigennützig nimmt der Schnäppchenjäger dieses Gespräch auf seinem Weg in den sonst heiligen Urlaub auf sich und lässt sich auf diese Weise elegant die private Anreise zum Urlaubsort bezahlen.

Oder er lädt zur Vorstandsbesprechung zu sich nach Hause ein. Natürlich gehen die dazu gereichten Weine und sonstigen Spezialitäten auf Firmenkosten. Immerhin hat die Gattin die Speisen besonders liebevoll angerichtet! Dass viel zu viel eingekauft wurde, kann man im Vorhinein ja nicht abschätzen. Da bleibt nur übrig, den eigenen Kühlschrank zu füllen, denn die Köstlichkeiten müsste man ja sowieso wegwerfen. Das wäre aber höchst unökologisch!

5.2 Auswirkungen der Herkunft

Ich gestehe, dass dies weniger ein Ausflug in die Biologie, als vielmehr ein solcher in die Biographie des Schnäppchenjägers ist. Diese Art des Kleingeistes kommt nach meiner Beobachtung aus sehr kleinen Verhältnissen, manchmal hat er sich sogar mit Geschick und Glück aus ärmlichen Verhältnissen emporgearbeitet. Er hat in seinem Leben beruflichen Erfolg gehabt und so hat sich sein Bankkonto ansehnlich gefüllt. Dennoch ist er im Geist nicht mitgewachsen. Er ist stets der arme Junge bzw. junge Mann geblieben, der alle Chancen auf Vorteile ausnutzen musste, egal wie gering sie sein mochten. Das merkt der Kleingeist nicht mehr, so sehr ist ihm dieses Verhalten in Fleisch und Blut übergegangen.

Seine innere Haltung spiegelt sich darüber hinaus in seinem beruflichen Verhalten wider. Kleine Ungeauigkeiten werden vom Kleingeist bei frau stets erkannt und entsprechend thematisiert. Pedant ist nun mal sein zweiter Vorname. Ich kann jeder Frau nur raten, einen Kleingeist niemals darauf anzusprechen. Das wird ihr sehr übel genommen. Als Retourkutsche muss sie sich auf herbe Kritik bei geringsten Fehlern einstellen. Eher ist es ratsam, den Kleingeist für seine Karriere zu bewundern.

Es versteht sich von selbst, dass der Kleingeist für andere mildtätige Zwecke nur kleine Spenden gibt, wenn er es überhaupt tut. Dagegen weist er das Gefühl von Neid weit von sich, sieht es aber bei vielen anderen Menschen. In der Psychologie ist dieses Phänomen als Projektion bekannt. Eine Eigenschaft, die bei sich selbst abgelehnt wird, findet der Kleingeist häufig als Charaktereigenschaft bei anderen Personen.

Ich kann nur raten, zu diesen Personen auf Distanz zu gehen. Früher oder später wird sich der Kleingeist insgeheim seines Charakterfehlers bewusst und sieht sich in Gefahr in einer Unternehmensumgebung, die berufliche und private Dinge trennt und einen ehrlichen Umgang mit den betrieblichen Ressourcen einfordert.

Eine weitere Eigenschaft dieses Typus Mann ist die Überkompensation. Um zu zeigen, dass ER es geschafft hat, muss es eben der teure Mercedes oder der größte SUV sein. Nur so können die anderen Männer sehen, was er erreicht hat. Mir fällt als Beispiel hierfür stets der Altbundeskanzler Gerhard Schröder ein, der sich selbst Cohiba Zigarren rauchend mit teurem Kaschmirmantel in der Oper zeigte. Er hatte es geschafft, war „Genosse der Bosse" geworden, gehörte endlich zu den höheren Rängen der Männerhierarchie. Er hatte seine Wurzeln der sehr kleinen Verhältnisse abgeschüttelt, in denen seine alleinerziehende Mutter ihn und seine Geschwister durchbringen musste.

VII. Biologische Grundlagen geschlechts-spezifischer Unterschiede

1. Frauen und Männer kommunizieren unterschiedlich

Frauen und Männer - und ganz besonders dominante Männer - pflegen unterschiedliche Kommunikationsstile. Da Männer die Welt als ein System von Hierarchien sehen und erleben, nutzen sie die Kommunikation als Mittel der Konkurrenz und des Imponiergehabes, das ihnen einen guten Rang in dieser Welt verschaffen soll. Dementsprechend pflegen sie einen asymmetrischen Kommunikationsstil. Das bedeutet, dass sie ihren Gesprächspartner nicht als gleichwertig ansehen. Er oder sie ist stets unter- oder übergeordnet. Dieser Gesprächsstil manifestiert sich außerdem in Monologen und Feststellungen. Hier ist kein sprachlicher Platz für Vermutungen oder Vorschläge. Frauen dagegen pflegen eher einen symmetrischen Kommunikationsstil, der Nähe herstellen soll.

Deborah Tannen[30] hat diese unterschiedlichen Kommunikationsstile als „Genderlect" (von gender = Geschlecht und von dialect = Dialekt) bezeichnet, wie z.B. friesisch und bayrisch. Missverständnisse sind damit zwischen Frau und Mann natürlich vorprogrammiert. Im Folgenden möchte ich die meines Erachtens wichtigsten Unterschiede des weiblichen und männlichen Kommunikationsstils beschreiben.

1.1 Männer reden quantitativ häufiger

In Diskussionen melden sich Frauen erst zu Wort, wenn sie der Meinung sind, etwas wirklich Wichtiges zur Sache sagen zu können. Bis dahin hören sie still zu, sie zeigen aber über nonverbale Signale Zustimmung oder Ablehnung des meist von Männern Gesagten.

Männer verfahren ganz anders. Für sie gilt: wenn ich etwas sage, bin ich wichtig. Dabei kann es sich auch um die dritte Wiederholung des bereits Diskutierten handeln. Sie wissen, dass beim Vorgesetzten im Grunde nur in Erinnerung bleibt, DASS er sich eifrig an der Diskussion beteiligt hat und nicht, was er im Einzelnen zur Problemlösung beigetragen hat. Männer unterbrechen andere Gesprächsteilnehmerinnen und -teilnehmer auch häufiger als Frauen dies tun. Lässt sich die bzw. der andere davon beeindrucken und verstummt, stellt der Unterbrechende damit seine Überlegenheit zur Schau. Das versteht jeder Mann in der Runde sofort.

1.2 Beispiel aus dem Leben

Ich kann mich gut an einen Vorstand erinnern, der ein Meister darin war, das vorher bereits ausführlich Gesagte nochmals in seinen Worten zu wiederholen und mit seiner Stimmlage sogar noch eine emotionale Aufladung von Wichtigkeit herzustellen. Kaum jemandem fiel auf, dass er nur nachplapperte, jedoch keine eigenen Gedanken zusteuern konnte.

Ein weiteres Beispiel ist ein Abteilungsleiter, der jede seiner Ideen, sei sie auch noch so abwegig oder irrelevant, zum diskutierten Problem äußerte. Ich schätze, dass 80% der Äußerungen weder zielführend noch verwertbar waren. Dennoch blieb bei den anderen männlichen Teilnehmern stets im Hinterkopf, wie engagiert gerade dieser Abteilungsleiter doch war! Er hatte ja zu allen Problemen eine Idee beizusteuern oder eine Meinung zu äußern. Das sachliche bzw. fachliche Ergebnis der Äußerungen wurde dabei nicht bewertet. Es blieb offensichtlich allein seine Beteiligung an der Diskussion in Erinnerung und diese hohe Beteiligung wurde positiv bewertet.

Hier kann ich frau nur raten, ebenso wie Männer zu kommunizieren, auch wenn frau dies als unhöflich erscheint. Nur so bleibt im Gedächtnis hängen, dass frau am Gespräch beteiligt war. Frau kann durchaus mit einem Lächeln das männliche Gegenüber auffordern, sie ausreden zu lassen. Ein solches Verhalten bewirkt oft erst, dass sie als Gesprächspartnerin ernst genommen wird.

1.3 Männer stellen fest

Männer geben ihre Meinung in Form einer – angeblich - sachlichen Feststellung zum Besten. Oft wirken sie auch belehrend. Sie suggerieren damit, dass sie sich ihrer Sache sicher sind, auch wenn sie es tatsächlich nicht sind. Dies soll ihren Rang innerhalb der Diskussionsrunde repräsentieren. Ranghohe Männchen wissen einfach was richtig oder falsch ist und welche Möglichkeit zur Problemlösung taugen!

Frauen dagegen bevorzugen einen symmetrischen Kommunikationsstil, der Nähe und persönliche Beziehung herstellen will. Rangordnungen spielen in ihrem Leben eine untergeordnetere Rolle, so auch in Diskussionen. Dafür benutzt frau häufig Rückfragen, kleidet gute Ideen in vorsichtige Vorschläge, bestätigt ihre Vorredner/-innen, gibt Zustimmungsäußerungen ab oder Entschuldigungen für von ihr nicht ganz durchdachte Vorschläge. Insbesondere Letzteres würde ein Mann nie tun. Er geht über seinen ungeeigneten Vorschlag hinweg als ob er ihn nie geäußert hätte.

Frauen dagegen lassen anderen Raum für die Mitteilung von Wünschen, Ansichten und Gefühlen. Damit stellt sich beim Anderen das Gefühl und der Eindruck ein, als eigenständige Person wahrgenommen zu werden. Das ist schön für den Gesprächspartner, wird aber von Männern als Bestätigung ihrer höheren Rangposition wahrgenommen und interpretiert. In beruflichen, Konkurrenz orientierten Diskussionen ist dies fatal für Frauen. Sie machen sich mit ihrem weiblichen Kommunikationsstil kleiner und unwichtiger als die beteiligten Männer.

Also sollte sich die Spitzenfrau eines männlichen Kommunikationsstils befleißigen? In diese Richtung muss es meiner Meinung nach gehen. Die Männer werden sich nicht freiwillig um den weiblichen Kommunikationsstil bemühen. Allerdings hat Deborah Tannen interessanterweise auch festgestellt, dass Frauen, die einen eher männlichen Kommunikationsstil benutzen, als „unfreundlich" wahrgenommen werden. Also haben wir hier wieder eine Zwickmühle für die Spitzenfrau: nutzt sie den weiblichen Kommunikationsstil, wird sie vom männlich geprägten Umfeld nicht ernst genommen. Nutzt sie aber den männlichen Kommunikationsstil, ist sie unfreundlich und ihre social Skills lassen zu wünschen übrig. Letzteres stützt insgeheim die Mentalitätsmuster der konservativen Exklusion und des radikalen Individualismus. Existiert also kein Ausweg aus der Zwickmühle?

Möglicherweise werden die Firmen aufgrund des Fachkräftemangels gezwungen, mehr Frauen als Führungskräfte einzustellen und damit könnte sich auch die Diskussionskultur verändern. Hoffentlich haben wir dafür genug Zeit, denn in den heutigen Rhetorikseminaren für Führungskräfte wird auf die unterschiedlichen weiblichen und männlichen Kommunikationsstile nur äußerst selten eingegangen. Es wird so getan, als seien die Kommunikationsstile individuell geprägt. Es fehlt bei den meisten Rhetoriktrainern die Sensibilität für die Stilunterschiede der Geschlechter. Rhetorikseminare für Frauen und Männer, die auf die unterschiedlichen geschlechtsbezogenen Kommunikationsstile eingehen, fehlen derzeit meines Wissens auf dem Fortbildungsmarkt. Und für die „echten Bosse" gibt es sowieso nur die asymmetrische männliche Kommunikation. Basta!

Möglicherweise spielt die Veränderung der Wirtschaft in Richtung Dienstleistungswirtschaft den Frauen doch noch in die Hände. Am Beispiel von Krankenhäusern will ich dies erläutern. Es werden immer mehr chronisch kranke Patienten behandelt werden müssen. Diese Patienten können, einmal an die Klinik gebunden, lukrative Klienten sein, da sie immer wieder ein Abrechnungsfall werden. Damit sie sich wohlfühlen und immer wiederkommen, benötigen sie aber einen, eine menschliche Beziehung herstellenden Kommunikationsstil. Für die Patientenbindung ist der weibliche symmetrische Kommunikationsstil daher besonders geeignet. In der Wettbewerbssituation um Fallzahlen wird dies für das einzelne Krankenhaus immer wichtiger werden.

1.4 Frauen erzählen von ihren Schwächen, Männer von ihren Stärken und Erfolgen

Frauen können ohne Aufforderung sehr gut ihre Schwächen in jeder gewünschten Detailtiefe erläutern. Diese Fähigkeit und Angewohnheit ist für Karriere orientierte Frauen kontraproduktiv. In Spitzenpositionen sind Kompetenz und Stärke gefragt.

Ganz anders die Männer. Sie werden niemandem freiwillig ihre Schwächen offenbaren. Dies hat letztlich Auswirkungen in der Besetzung von Spitzenpositionen und auch schon von Trainee-Positionen. Hier sind nach wie vor Männer aufgrund ihrer „Verschwiegenheit" in Sachen eigener Schwächen im Vorteil.

Diese unterschiedlichen Angewohnheiten der Frauen und Männer werden in der heutigen Führungskräfteentwicklung meines Erachtens weder beachtet noch problematisiert. Hierzu bräuchte es eine ganz auf Frauen zugeschnittene Schulung, die diese unterschiedlichen „Gewohnheiten" ins Bewusstsein holt und problematisiert. Damit Frauen die Gesetze in den männlichen Machtetagen zunächst in einem geschützten Rahmen erkennen lernen und dann auch noch mit diesen umgehen lernen können, braucht es männliche Sparringspartner in den Seminaren.

Solche Sparringspartner sind leider auch nicht im privaten Umfeld zu haben. Ehemänner oder Lebensabschnittsgefährten sind nun mal keine Sparringspartner, die die Frau auch mal hart ansprechen, um ihre kommunikativen Fähigkeiten zu stärken. Mit männlichen Sparringspartnern könnten Frauen männliche Macht- und Hierarchiespiele, den unterschiedlichen Umgang mit Konflikten erkennen lernen und eine der männlichen Kommunikation ebenbürtige Kommunikation entwickeln. Doch daran haben die heutigen männlichen Führungskräfte kein Interesse. Sie würden sich ja weibliche Konkurrenz züchten und bleiben daher lieber bei den althergebrachten Trainings, die solche Unterschiede nicht erkennen, problematisieren und schon gar keine Abwehrmechanismen bei Frauen trainieren.

2. Männer und deren Umgang mit Konflikten

Die Konfliktkultur von Frauen und Männern ist höchst unterschiedlich. Für Männer gehört Wettbewerb von klein auf zu ihrem Leben. Louann Brizendine beschreibt den bei

Jungen auffällig höheren Bewegungsdrang sehr eindrücklich. Das typische Spielzeug für den Jungen ist so auch eher ein Bobbycar oder Ball, die sich beide bewegen lassen und mit denen man auch rangeln und damit um den hierarischen Platz miteinander kämpfen kann.

Das haben bereits im Jahr 2002 G. Alexander von der A&M Universität Texas und M. Hines von der Universität London bei einem Versuch mit grünen Meerkatzen, einer Primatenart, beobachtet[31]. Dabei wurden den Affen verschiedene Spielzeuge angeboten, die von Entwicklungspsychologen als typisch weiblich (Puppen, Kochtöpfe), typisch männlich (Auto, Ball) und neutral (Stofftiere, Bilderbücher) klassifiziert wurden. Weibliche Meerkatzen bevorzugten Puppen und Kochtöpfe zum Spielen. Sie ahmten mit den Puppen die Versorgung von Primatenbabys nach und sammelten in den Kochtöpfen Blätter und andere Dinge.

Die männlichen grünen Meerkatzen interessierten sich ganz überwiegend für die Autos und Bälle, die scheinbar eine eigene Motorik aufwiesen. Sie spielten eher bewegungsorientiert mit diesen „aktiven" Spielsachen. Sie jagten sich die Spielzeuge untereinander ab und kämpften darum. In wesentlich geringerem Maße spielten die männlichen Meerkatzenjungen auch mit den Puppen, allerdings in der Weise, dass sie die Puppen untersuchten und dabei zerstörten. Die Stofftiere und Bilderbücher wurden von beiden Geschlechtern der grünen Meerkatzen nicht besonders beachtet.

Es scheint also etwas Angeborenes vorhanden zu sein, welches das Geschlechterverhalten entscheidend prägt. Dazu gehört bei den Primaten, zu denen auch die Menschen zählen, dass die weiblichen fürsorglicher mit Spielsachen und Artgenossen umgehen. Dies ist meines Erachtens Ausdruck und Folge des unter den gesamten Säugetieren vorhandenen Brutpflegeinstinktes. Männliche Primaten hingegen sind untereinander kämpferisch und wettbewerbsorientiert in ihrer Biologie angelegt. Dies ist meines Erachtens Ausdruck und Folge des höheren Testosteronspiegels bei männlichen Säugetieren, die diesen hohen Spiegel brauchen, um bei paarungsbereiten Weibchen zum Fortpflanzungserfolg zu kommen, indem sie die männliche Konkurrenz aus dem Feld schlagen.

Im Gegensatz zu den anderen Säugetieren verfügen Menschen allerdings über einen ausgesprochen hoch entwickelten Neocortex. Das Großhirn bedenkt unter anderem die Folgen des Handels im Voraus und bewertet diese moralisch mittels einem im Großhirn integrierten Schläfenlappen. Diese Schläfenlappen können und müssen eingesetzt werden, um biologische Programme zu hemmen und umzuformen. Hierauf gehe ich später noch ausführlicher ein.

Der Wettbewerb und damit der Konflikt ist für Männer quasi der Normalzustand, er ist seine Ausdrucksform für Männlichkeit. Diese Ausdrucksform verfügt laut Prof. Schwanitz über bestimmte Regeln, die einzuhalten, aber den Frauen nicht bekannt sind. So muss frau auf männliche

Provokationen reagieren, da sie sein Kommunikationsmittel sind. Reagiert frau überhaupt nicht, kommuniziert sie im Verständnis des Mannes nicht und ihm bleibt nichts anderes übrig, als die Stärke der Provokation zu erhöhen.

Frauen sehen Streit und Provokation jedoch nicht als Kommunikation, sondern als Konflikt und den möchten sie vermeiden. Sie sind eben doch das friedlichere Geschlecht und reagieren dann auf einem geringeren Streitniveau. Darin aber erkennt der Mann ihre Unterlegenheit. So entsteht ein Missverständnis auf beiden Seiten. Frauen sind eher gewohnt, Konflikte mit geringeren Dosen des Nörgelns und Kritisierens auszutragen. Männer dagegen lieben die Materialschlacht und den lauten Krach. Oder wann haben Sie zum letzten Mal einen Hausmeister mit einem Laubrechen statt Laubbläser gesehen? Vom Motorsägenhersteller Stihl ist das Bonmot bekannt, dass keine Motorsäge einen Schalldämpfer haben müsste, wenn es allein nach den Männern ginge.

2.1 Verschiedene neuronale Netzwerke in Gebrauch

1996 erkannte ein Forscherteam um Giacomo Rizzolatti, dass bei Schimpansen die gleichen Neuronen aktiv waren, egal, ob die Menschenaffen eine Nuss erhielten oder dabei nur zuschauten. Diese „Spiegelneuronen" werden heute als Netzwerk interpretiert, das für Empathie, Mitgefühl und das Lesen von Gesichtsausdrücken zuständig ist. Inzwischen kennt die Wissenschaft zwei verschiedene Mitgefühl-Netzwerke, die nebeneinander arbeiten. Zum Einen handelt es sich um ein System von Neuronen, die die emotionalen Zustände wie Schmerzen oder Freude eines anderen Menschen nachempfinden lassen, also ein „emotionales Mitgefühl-Netzwerk". Zum Anderen handelt es sich um das System der temporal-paritalen Verknüpfungen, die als „kognitives Mitgefühl" angesehen werden. Dieses sucht nach Lösungen für das Problem, das zum Beispiel die Schmerzen verursacht[32].

Das „emotionale Mitgefühl-Netzwerk" ist bei Frauen stärker ausgeprägt und wird von ihnen in größerem Umfang benutzt. Es sorgt dafür, dass Frauen sehr gut mitfühlen können. Das bedeutet aber auch, dass sie tatsächlich mit einem anderen Menschen mitleiden, also echten Schmerz oder echte Angst empfinden. Möglicherweise ist dies ein Grund dafür, warum sich Frauen seltener als junge Männer Action- und Horrorfilme ansehen.

Die temporal-paritalen Verknüpfungen sind bei Männern stärker ausgeprägt, denn nach der Pubertät sorgen die männlichen Geschlechtshormone dafür, dass dieses System bevorzugt benutzt wird. Die temporal-parietalen Verknüpfungen verhindern, dass Männer besser verstehen was andere empfinden, wie andere handeln und was andere tun werden. Dieses System verhindert aber auch, dass die für das Mitfühlen mit Anderen zuständigen Verknüpfungen genutzt werden. Gefühle des Mitleids stören quasi die Abklärung der Lösungsmöglichkeiten für ein Problem. Männer denken also eher problemlösungsorientiert und erkennen dafür die damit verbundenen Gefühle bei anderen

Menschen weniger. Demzufolge trifft ein Konflikt einen Mann nicht so tief, wie dies bei Frauen der Fall ist. Er leidet auch nicht so sehr mit einem anderen Menschen mit. Ich habe ja bereits beschrieben, dass das Schmerzzentrum bei Männern nicht aktiv wird, wenn seinem Feind ein Schmerz zugefügt wird. Womöglich ist dies einer der Gründe für das aggressivere Verhalten von Männern.

Darüber hinaus zeichnet Männer den höheren Gehalt des Hormons Testosteron aus, das einerseits als männliches Sexualhormon gilt, andererseits aber auch mit Aggression in Verbindung gebracht wird. Zusammen mit dem Hormon Vasopressin, das für das Revierverhalten zuständig ist, wird er empfindlicher für Eingriffe in sein Revier oder auf seinen Status und bricht deswegen leichter einen Konflikt vom Zaun. Eine Möglichkeit, Männern ihr aggressives Verhalten zumindest zeitweilig abzugewöhnen, ist sie zu Vätern zu machen. Es ist nachgewiesen, dass die Konzentration von Testosteron und Cortisol bei Männern während der Schwangerschaft ihrer Partnerin und auch nach der Geburt des Kindes herabgesetzt ist. Dafür ist wohl der erhöhte OestradiolGehalt bei der werdenden Mutter verantwortlich, der sich dem Mann über ihren Körpergeruch vermittelt.

3. Männer gehen Risiken ein, Frauen setzen auf Sicherheit

Schon kleine Jungen im Vorschulalter raufen gerne miteinander und vergleichen ihre körperlichen Fähigkeiten. Wer kann schneller rennen, weiter springen oder spucken?

Auch im späteren Lebensalter finden sich mehr Männer als Frauen in den Risiko- und Kampfsportarten[33]. Dies sind Sportarten, die auf Konkurrenz, Kampf, Härte, Schnelligkeit und Bewegung ausgerichtet sind. Dementsprechend verletzen sich zum Beispiel männliche Skifahrer eher an Schultern und Kopf, weibliche eher an Knien[34].

Schneller, höher, weiter und mehr sind quantitative Ziele. Sie haben für Männer aber ein höheres Gewicht als sie es für Frauen haben. Insofern ist das quantitative Wachstum eines Betriebes für Männer ein Wert an sich und dafür sind sie auch gerne bereit, Risiken einzugehen. Ich möchte hier nur einige Beispiele aus der Wirtschaft aufzeigen.

Unter dem Vorstandsvorsitzenden Edzard Reuter sollte die Daimler AG zu einem Kraftfahrt- und Aero-Konzern ausgebaut werden. Er scheiterte grandios. Genauso erging es seinem Nachfolger Jürgen Schrempp bei der Übernahme des Autobauers Chrysler. Die Fusion der Deutschen Bank und der Dresdner Bank wurde gestoppt, die Fusion von Time Warner und AOL wurde rückabgewickelt, die Fusion der Dresdner Bank mit der Allianz Versicherung zu einem Allfinanzkonzern entpuppte sich als Fehlschlag. In allen diesen Fusionen waren Männer die mächtigen Treiber und mindestens eines ihrer Ziele war das rein quantitative Wachstum des Unternehmens.

3.1 Beispiel aus dem Leben

Während meines Berufsweges wurde ich damit konfrontiert, dass ein Geschäftsführer einer Klinik ein nahegelegenes anderes Krankenhaus übernehmen wollte. Bevor die Mitglieder des Unternehmensvorstandes offiziell und ordentlich darüber informiert wurden, hatten sich bereits drei bis vier Männer aus Klinik unf Vorstand gefunden, die die Klinikübernahme offensichtlich für sich beschlossen hatten. Sie führten Gespräche mit dem Verkäufer und informierten die Öffentlichkeit über den bevorstehenden Kauf, ohne dass offizielle Vertragsverhandlungen begonnen hatten. Es wurden von ihnen Fakten geschaffen, die es dem mehr oder weniger überrumpelten Vorstand nicht mehr ermöglichte, ohne Gesichtsverlust aus dem Kauf herauszukommen. Es ging für mich als die für die Konzernfinanzen Verantwortliche dann nur noch um Schadensbegrenzung. Wenn eine ehrliche, die Chancen und Risiken abwägende Entscheidung getroffen worden wäre, dann wäre der Kauf wahrscheinlich nicht zustande gekommen. Die beteiligten Frauen im Vorstand sahen das Risiko des Klinikkaufs als sehr hoch an. Was aber sprach für die Kaufentscheidung in den Männergehirnen? Zunächst sahen sie die schiere Vergrößerung ihres Machtgebietes als positiven Wert an. Eine größere Klinik ist allein schon ein höherer Wert an sich. Dafür bewerteten sie die Risiken der Übernahme niedriger als dies die Frauen taten. So sieht das sicher auch der Hirsch mit dem größeren Geweih – er imponiert.

Heute zum Zeitpunkt der Bucherstellung ist klar, dass die Männer die Risiken zu gering eingeschätzt haben und die Analyse der heutigen Situation eher von den Frauen richtig bewertet und vorhergesagt wurde. Der Konzern hat sich mit dem Klinikkauf keinen Gefallen getan und nur der weiblichen vorsorglichen Verhandlung ist zu verdanken, dass Teile des Klinikgrundstückes verkauft und diese finanziellen Mittel für die Sanierung der Klinik eingesetzt werden konnten.

3.2 Biologische Hintergründe der unterschiedlichen Risikoneigungen

Es wird viel darüber spekuliert, warum sich das Risikoverhalten von Männern und Frauen so stark unterscheidet. Wir wissen, dass das Risikoverhalten – genauso wie das Rangverhalten - unmittelbar mit dem Testosteronspiegel korreliert. Darüber hinaus scheinen aber auch die unterschiedlichen biologischen Programme zur Produktion von Nachkommenschaft eine erhebliche Rolle zu spielen. Prof. Dr. Grammer[35] beschreibt dies sehr eindrücklich.

Die Gehirne der ungeborenen Kinder werden zwischen der zweiten und sechsten Schwangerschaftswoche mit Testosteron geflutet und je nach Höhe des Spiegels männlich oder weiblich geprägt. Es ist egal, woher das Testosteron kommt. Es kann von der Mutter kommen oder auch vom Embryo selbst produziert sein. Zufälligerweise wurde entdeckt, dass frau am Verhältnis der Länge des Endgliedes von Zeigefinder und Ringfinger diese Prägung erkennen kann. Je länger das Zeigefingerendglied im Verhältnis zum

Ringfingerendglied ist, um so männlicher die Hirnprägung. Also schauen Sie ihrem Gegenüber auf die Hände und erkennen Sie daran das Ausmaß der männlichen Gehirnprägung. In meiner Freundinnenrunde sagen viele, dass sie beim Kennenlernen von Männern, neben den Augen auch auf dessen Hände besonders achten. Liegt darin ein intuitives, biologisch verankertes Wissen um die echte Männlichkeit des Mannes verborgen?

Die Zeichen der weiblichen Gehirnprägung sind dagegen nicht so einfach sichtbar. Der Corpus callosum, dies ist der „Balken", ein dichtes Nervenbündel zur Verknüpfung der beiden Gehirnhälften, wurde bei Frauen dicker ausgemessen, als dies bei Männern der Fall war. Dies wurde als Zeichen gedeutet, dass bei Frauen beide Hirnhälften enger zusammenarbeiten. Allerdings sind sich die Experten hierzu nicht einig. Lt. Prof. Dr. Grammer lässt sich der Unterschied heute nicht mehr nachweisen. Sein Kollege Prof. Dr. Güntürkün sieht dies aufgrund von holländischen Studien differenzierter[36]. Die Lateralisierung, das heißt, die gleichzeitige Nutzung beider Gehirnhälften ist bei Frauen symmetrischer als bei Männern. Frauen verarbeiten Informationen also mehr mit dem ganzen Gehirn, denken also „ganzheitlicher". Dabei wurde aber auch deutlich, dass diese Lateralisierung vom weiblichen Zyklus abhängig ist. Die ganzheitliche Gehirnnutzung ist in der Lutealphase ausgeprägter, also in der Zeit rund um den Eisprung mit dem höchsten Östrogengehalt am ausgeprägtesten. Bei Frauen in der Menstruationsphase oder in der Menopause ist die symmetrische Nutzung der Gehirnhälften nicht mehr so deutlich. Dies ist ein starker Hinweis darauf, dass die biologischen bzw. darauf fußenden jeweiligen hormonellen Zustände die Denkstrategien des Gehirns beeinflussen.

Ein weiterer Befund von Prof. Dr. Grammer passt meines Erachtens ins Bild der eher ganzheitlich denkenden Frauen. Bei Frauen ist die anteriore Kommissur, dies ist die Verbindung zwischen dem vorderen und mittleren Teil der beiden Schläfenlappen und Teilen des Stirnlappens, größer als bei Männern. Die Schläfenlappen und der Stirnlappen sammeln die sensorischen Informationen aus allen Sinnesorganen. Hierzu gehören auditorische Informationen, wie Laute und Melodien, aber auch visuelle Informationen wie Objekterkennung und Gesichtererkennung. Letzteres können Frauen deutlich besser als Männer.

Die Schläfenlappen grenzen an den Hippocampus an, der für das Lernen und das Gedächtnis steht. Ob dieser Bereich ebenfalls bei Frauen besser funktioniert als bei Männern, lässt sich heute meiner Erkenntnis nach nicht wissenschaftlich fundiert behaupten. Allerdings gibt mir zu denken, dass Mädchen die besseren Schulabschlüsse als die Jungen machen. Ob dies biologische Ursachen hat oder an der für die Jungen schwierigeren Unterrichtsform liegt, dazu liegen mir keine wissenschaftlichen Erkenntnisse vor. Es wäre aber sicher interessant, dies zu untersuchen.

Allgemein bekannt und gesichert ist, dass die Gehirngröße bei Männern absolut größer ist als bei Frauen. Jedoch wird meist vergessen, dass die Gehirngröße ins Verhältnis zur Körpergröße gesetzt werden muss, damit dieses Argument ernsthaft erwogen werden kann. Allerdings besteht meines Wissens keine Übereinstimmung der Neurowissenschaftler dazu, ob die Neuronenzahl von Männern und Frauen gleich hoch ist. Es werden dazu unterschiedliche Ergebnisse referiert. Der Unterschied der Gehirngröße von Männern kann aus dem höheren Anteil von Gliazellen resultieren[37]. Diese sind quasi die Isolationsschicht um die Neuronen, die Nervenleitbahnen. Andererseits wird für die corticalen Nervenzellen ein Überhang von 16% bei Männern festgestellt, dessen Ursache und Wirkung aber (noch) nicht erklärt werden kann[38].

Bei Frauen wiederum sind die einzelnen Bereiche im Gehirn stärker verbunden. Dies wird als lokale Konnektivität bezeichnet. Mit dieser lokalen Konnektivität kann eine Beobachtung bei Schlaganfallpatienten erklärt werden, wonach Frauen einen höheren Widerstand gegen funktionelle Ausfälle einzelner Gehirnareale aufweisen. So lernen Frauen zum Beispiel nach einem Schlaganfall im Sprachzentrum schneller wieder Sprechen als Männer dies tun.

Mit der männlichen bzw. weiblichen Prägung des Gehirns gehen einige Unterschiede einher. So schneiden Männer bei einigen Tests zum räumlichen Vorstellungsvermögen, insbesondere beim mentalen Rotationsvermögen, besser ab als Frauen. Erwiesen ist, dass Männer und Frauen Routen unterschiedlich erkennen. Männer merken sich Richtungen und Entfernungen, Frauen dagegen besondere Merkmale des Weges wie zum Beispiel Bauten oder Geschäfte. Frauen sind außerdem besser im Zahlenrechnen. Damit lassen sich aber die unterschiedlichen Risikoneigungen nicht erklären.

Die unterschiedliche Risikoneigung von Frauen und Männern wird meines Erachtens eher durch das erforderliche elterliche Investment bei der Fortpflanzung erklärt. Frauen haben ein begrenztes Kontingent an Eizellen und zeitlicher Möglichkeit Kinder auszutragen. Sie sind sich also bewusst, dass die Fortpflanzung und Kinderaufzucht im Einzelfall möglichst gelingen sollte. Der durch sie zu leistende Aufwand ist immens: 40 Wochen Schwangerschaft mit körperlichen Beschwerden, eine risikoreiche Geburt, mindestens ein Jahr, in dem das Kind auf die Mutter als stillende Ernährerin und Beschützerin angewiesen ist. Wenn es ihr sozial möglich ist, dann überlegt sich jede Frau sehr gut, ob sie ein Kind in die Welt setzt. Ihre Risikoabwägung wird von Vorsicht geprägt sein. Im Zweifel wird das Risiko stärker gewichtet, denn ohne zuverlässige Paarbindung misslang die Sorge für ein Kind in evolutionären Zeiten häufig. Ohne zuverlässigen Vater oder zumindest eine unterstützende Sippe war es schwierig, das Kind durchzubringen. Auch heutzutage ist es für alleinerziehende Mütter schwierig Kinder großzuziehen.

Bei Männern sieht dies anders aus. Sie sind praktisch von der Pubertät bis zum Greisenalter zeugungsfähig und produzieren im Laufe ihres Lebens Milliarden von Spermien, also potenzielle Kinder. Damit stehen sie aber in Bezug auf ihre Zeugungsmöglichkeiten auch stets im Wettbewerb zu anderen Männern. Nur eine genutzte Chance zur Kopulation dient der Fortpflanzung und damit der Weitergabe seiner männlichen Gene. Das Risiko für sie ist dabei gering und die Kopulation ist auch ohne Paarbindung leicht möglich.

Die unterschiedlichen Strategien in der Fortpflanzung finden sich in der gesamten Natur, nicht nur bei den Menschen und anderen Säugetieren. Je entwickelter die Tiere sind, desto mehr geht die Tendenz zur Einkind-Geburt und deren möglichst elternschaftlichen Aufzucht, zum Teil sogar in komplexen sozialen Familienverbünden. Ich denke hier an die Menschenaffen, bei denen die Mutter bei der Aufzucht ihrer Kleinen von Tanten und Großmütter unterstützt wird. Das gleiche Bild findet sich zum Beispiel bei Elefanten oder Löwen. Ganz anders verhalten sich jedoch Fische oder Schildkröten, die sich bei der Weitergabe ihrer Gene allein auf die schiere Masse der Eier bzw. späteren Nachkommen verlassen. Nach dem Schlüpfen lassen diese Tierarten ihre Nachkommen mehr oder weniger allein und diese müssen selbstständig aufwachsen.

Diese beiden unterschiedlichen Strategien der Fortpflanzung ziehen auch bei Menschen ein für Frauen und Männer unterschiedliches Paarungsverhalten und Partnersuchemuster nach sich. Viele Merkmale des gesuchten

Partners sind bei Frauen und Männern gleich. Die Partnerin oder der Partner soll nett und humorvoll sein. Für Frauen ist aber die Intelligenz und der Status des männlichen Partners wichtiger als umgekehrt für Männer. Hier spielt die äußerliche Attraktivität der Frau eine größere Rolle. Dies liegt in den oben genannten biologischen Mustern begründet und diese Muster steuern das Geschlechterverhalten. Immerhin haben Frauen mehr zu verlieren, wenn sie vom Vater ihres Kindes verlassen werden oder ihn erst gar nicht binden können. Sie tragen das volle Investitionsrisiko für die Geburt und spätere Aufzucht des Kindes. Der Mann dagegen muss sich darum keine Gedanken machen, wenn er nicht in einer Paarbindung die Verantwortung für sein Kind übernimmt.

Diese Übernahme der Verantwortung für das Kind durch die Männer ist eine zivilisatorische, frau könnte auch sagen, eine kulturelle Leistung der Frau. Evolutionär musste sie ihm beibringen, dass er etwas mit seinem Kind zu tun hat und er dafür auch Verantwortung zu übernehmen hat. Die Paarbindung ist eine kulturelle Leistung der Frauen, die sie aber mit der Preisgabe der sexuellen Selbstbestimmung bezahlen. Nur so konnte und kann sich der Mann sicher sein, dass das Kind auch sein Kind ist, getreu dem englischen Sprichwort: „Mama´s Baby, Papa´s May be".

Diese biologisch unterschiedlichen Fortpflanzungsstrategien wirken sich jedoch bei Frauen und Männern auch bei den kognitiven Strategien unterschiedlich aus, insbesondere bei der Risikobereitschaft. Prof. Dr. Grammer berichtet, dass in seinen Untersuchungen Frauen und Männer unterschiedliche Strategien beim Abschätzen von möglichen Fehlern haben. Männer überschätzen die positiven Konsequenzen von Situationen stets massiv, frei nach dem Motto: „es geht immer etwas". Die Grundlage dafür liegt in der oben dargestellten biologischen Paarungsstrategie: Der Mann darf keine Kopulation verpassen, die zu Nachkommen führen könnte.

Bei Frauen sieht dies komplett anders aus. Sie sieht eher die Risiken der Situation und der kommenden Entwicklung. Auch dies liegt in der unterschiedlichen Paarungsstrategie begründet: wenn hier etwas schief geht, steht sie alleine mit dem Geburtsrisiko und der Aufgabe das Kind großzuziehen da. Die Frau hat viel mehr zu verlieren und ist deshalb wesentlich vorsichtiger. Daraus ergeben sich zwischen Frauen und Männern unterschiedliche kognitive Strategien bei der Risikoeinschätzung von Situationen und Entwicklungen.

Rein logisch betrachtet wäre also eine gemeinsame Chanchen- bzw. Risikoeinschätzung von Frauen und Männern zu bevorzugen. Dann könnten sich die unterschiedlichen kognitiven Strategien im Durchschnitt mitteln und zu einer realistischen Einschätzung bzw. zu einem am ehesten wahrscheinlichen Ergebnis führen. Das geschieht aber nicht, da zu wenig Frauen in der obersten Unternehmenshierarchie   für die Strategieentwicklung zuständig sind. Deshalb komme ich zu den Eingangs genannten gescheiterten Fusionen und Konzernumbauten zurück. Hier waren ausschließlich Männer am Werk, die in ihrer biologisch begründeten kognitiven Denkstrategie verhaftet waren. Meiner Meinung nach ist ihnen dafür sehr wohl ein Vorwurf zu machen. Sie hätten um diese Problematik wissen können bzw. müssen und durch die Einbeziehung des weiblichen Risikoblicks erheblichen Schaden von ihren Unternehmen abwenden können. Das hätte aber ihr Ego wahrscheinlich schwer angekratzt und damit nicht zugelassen.

VIII. Weibliche Eigenschaften für die Berufswelt gesucht!

1. Frauen gleichberechtigt an die Spitze – eine Quote muss zur Veränderung der gesellschaftlichen Strukturen her

Wenn sich unsere Gesellschaft die beschriebenen Unterschiede von Frauen und Männern allein bei der Risikoeinschätzung vor Augen hält und dann noch hinzurechnet, wieviel Kraft und Zeit bei Männern in Spitzenpositionen für interne Rangkämpfe verloren gehen, dann müsste diese Gesellschaft aus Vernunftsgründen zum Ergebnis kommen, dass mindestens geschlechtlich gemischte Doppel, das heißt Frau und Mann gleichberechtigt an der Spitze von Firmen und Organisationen stehen sollten. Diese Entwicklung wird nicht durch das Wohlwollen der derzeit diese Positionen besetzenden Männer beschleunigt oder auch nur geduldet. Dies zeigt die Entwicklung der Anzahl von Frauen in Spitzenpositionen in den letzten zwanzig Jahren sehr deutlich. Die Fortschritte sind auf breiter Front unzureichend. Es bleibt also nur die Lösung, dass eine verbindliche Frauenquote, die die Besetzung der Hälfte der Vorstandsposten und Aufsichtsratsmandate mit Frauen gesetzlich vorschreibt, politisch eingeführt wird. Selbst dies würde einen Kraftakt bedeuten - auch wenn mehr als die Hälfte der Wahlberechtigten Frauen sind und diese die Forderung nach einer Quote unterstützen sollten. Zu stark wirken die tradierten Rollen und Mentalitätsmuster leider auch in den weiblichen Köpfen.

Deutschland kann hier von vielen Ländern in der Europäischen Union viel lernen. Hierzulande lag im Jahr 2017 der Anteil der Frauen in Führungspositionen bei rd. 29%, im EU-Durchschnitt schon bei 33,1%. Die skandinavischen Länder, mit Ausnahme von Dänemark, führten die Quote mit knapp 40% und bis zu rund 44% in Lettland an[39]. Das ist zwar noch nicht die Repräsentanz der gesellschaftlichen Wirklichkeit, in der mehr als die Hälfte aller Konsumenten Frauen sind und weit mehr Frauen inzwischen Universitätsabschlüsse machen. Aber es muss meiner Meinung nach in unserer Gesellschaft ein Ansporn sein.

2. Was sind die Erfolgsfaktoren der gemischten Doppelspitze?

Als erste und wichtigste Voraussetzung für das Funktionieren einer gemischten Doppelspitze ist der gegenseitige Respekt füreinander zu nennen. So konkurrieren diese gemischten Führungsteams weniger miteinander, als dies rein männliche Teams tun würden und es bleibt mehr Energie für die Konkurrenz auf dem Markt übrig. Die gemischte Doppelspitze pflegt eine offenere Kommunikation miteinander, als dies unter Männern üblich ist. Das ist meiner Meinung nach ein weiblicher Verdienst, da Frauen - wie bereits beschrieben - weniger in Hierarchien denken und auch weniger in Rangkämpfe verstrickt sind und ihre Kommunikation symmetrischer ist. Dies bedeutet aber auch, dass Mitarbeiterinnen und Mitarbeitern offener mit ihnen über Probleme oder Ideen sprechen. Eine gefilterte Weitergabe von Informationen nach „oben" kommt meiner

Meinung nach bei Frauen als Führungskräften weniger häufig vor. Sie halten engeren Kontakt mit den Mitarbeiterinnen und Mitarbeiter und dann ist die ankommende Informationsbreite automatisch größer. Deren Konsequenz ist wiederum, dass aufgrund der unterschiedlichen Informationen ein komplexeres Bild der Welt gezeichnet werden kann und muss. Die männliche Welt ist dagegen viel mehr schwarz oder weiß und Graustufen kommen dort nicht so oft vor.

In der gemischten Doppelspitze können bei gegenseitigem Respekt auch die Zielvorstellungen klarer herausgearbeitet werden und die zu bearbeitende Sache, das zu lösende Problem liegt deutlich vor den Spitzenfrauen und -männern. Dies bedeutet aber auch, dass die Herausforderungen in ihrer ganzen Komplexität offenliegen. Während Männer wohl eher zur Problemvereinfachung und damit stärkeren Zielfokussierung und Expertentum bzw. Tunnelblick neigen, sehen Frauen die Komplexität der Welt und die Beziehungen differenzierter[35]. Sie nehmen das Klima bzw. den Trend eher wahr und können so sehr schnell auch Störgrößen und / oder Gefahren für ein Projekt erkennen und zum Beispiel den Umsetzungsweg frühzeitig verändern. Dies liegt meines Erachtens an den biologischen Grundlagen, die Frauen risikoscheuer machen. Sie haben im Zweifelsfalle ja auch das Risiko der alleinigen Aufzucht der Nachkommenschaft zu tragen. Dieses Risiko kann sie in ihrer Existenz bedrohen. Dagegen wiegt das Risiko des Mannes, eine mögliche Kopulation zu verpassen, weit weniger schwer.

Außerdem sind Frauen besser in den psychologischen Tests, die auf die Wahrnehmungsgeschwindigkeit von gleichen Objekten abzielen. Prof. Dr. Gertrud Höhler[40] leitet daraus ab, dass Frauen Zusammenhänge schneller und differenzierter erkennen als Männer dies tun. Sie erkennen das „Klima" unter den Mitarbeiterinnen und Mitarbeitern demnach schneller und auch detaillierter. Meines Erachtens ist ihr höherer natürlicher Spiegel an Östrogen und Oxytocin dafür verantwortlich.

Männer dagegen „machen" das Klima - insbesondere was die Mitarbeiterführung angeht. Wie ich bereits beschrieben habe, kommt der Korpsgeist in seiner reinen Form ausschließlich unter Männern vor. Dies ist quasi die ausgeprägteste Form des „Klima machens". Das Klima wird am ehesten durch die Fokussierung und die Vereinfachung der zu lösenden Probleme bestimmt. Die vereinfachende Sprache und das Angebot von einfachen Lösungen ist zweifelsohne anziehend für viele Menschen, denn schließlich verringert die Vereinfachung der Probleme die Ängste der vielen schlichteren Menschen vor der möglichen Unlösbarkeit der Probleme.

Die Welt heute ist jedoch komplexer und schnelllebiger als je zuvor. Aus einzelnen Initiativen werden schnell große Trends, die manchmal auch genauso schnell wieder vergehen. Hier ist der „Weitwinkelblick" und die Fähigkeit der Frauen hilfreich, verschiedene Sichtweisen in einem Team einzubinden. Letztlich müssen so viele Mitarbeiterinnen und Mitarbeiter im inzwischen immerwährenden

Veränderungsprozess bei der Stange gehalten werden. Nur so kann sich das gesamte Team angenommen und dominant fühlen und seine gemeinsame Kraft gegen die Konkurrenz im Markt ausspielen. Dies ist aber das Gegenteil einer einfachen Lösung und führt manchmal zu schwer überschaubaren Konstellationen. In der gut zusammenarbeitenden gemischten Doppelspitze kann dann der männliche Part für die notwendige, manchmal auch nur zeitweise Vereinfachung sorgen.

Zurückkommend auf die Überlegung, dass eine verbindliche Frauenquote für gemischte Doppelspitzen die Wirtschaftlichkeit erhöht, meine ich, dass die Quote kommen und von der Aufklärung der Verschiedenheit von Frauen und Männern in Bezug auf ihre unterschiedliche Weltsicht auf Gruppen und Hierarchien, Risikobereitschaft, ihrem unterschiedlichen Kommunikationsstil und dem unterschiedlichen Umgang mit Konflikten begleitet werden muss. Erst die Begleitung der verbindlichen Frauenquote mit dieser Aufklärung kann den erforderlichen Respekt und das Verständnis im gegenseitigen Umgang erzeugen. Ich fürchte hier liegt noch ein weiter Weg vor uns, der jedoch mit dem ersten Schritt begonnen werden muss.

IX. Mitarbeiterführung heute

Wie bereits mehrfach beschrieben, erleben Männer die Welt als hierarchisch geordnet. Allerdings ist die Frage, ob dies für alle Männer gilt, oder eventuell Unterschiede in den verschiedenen Generationen vorhanden sind, noch nicht ganz beantwortet. Die Interviewpartner von Dr. Wipperfürth waren im Wesentlichen Männer und einige wenige Frauen aus der Generation der „Traditionals" mit dem Geburtsjahrgang bis ca. 1955 und der Generation der „Babyboomer". Die „Traditionals" sind von der Erfahrung des Wiederaufbaus nach dem zweiten Weltkrieg geprägt. Entbehrungen und harte Arbeit waren die Eigenschaften, mit denen man das Leben gestalten konnte. Damals waren die meisten Frauen in Deutschland Hausfrauen, wenn sie verheiratet waren. Es war für den Familienvater möglich, mit seinem Einkommen die ganze Familie zu ernähren und deren Bedürfnisse überwiegend zu erfüllen. Die Familie war wichtig und das Leben klar in Hierarchien geordnet. Daran hatte die Tatsache, dass die meisten Männer in der Armee gedient hatten sicher auch einen erheblichen Anteil. Die Männer waren gewohnt, in Hierarchien zu funktionieren und zu gehorchen.

Die Generation der Babyboomer (von ca. 1950 bis ca. 1965 geboren) war dagegen von anderen Werten geprägt. Für sie lag die Ausrichtung bereits schwerpunktmäßig auf dem Beruf und dem Lernen für das Unternehmen. Eine idealistische Grundhaltung paarte sich mit dem Motto „Leben, um zu arbeiten"[41]. Aus dieser Generation rekrutieren sich heute die überwiegende Zahl der Vorstände und Aufsichtsratmitglieder.

Die heutigen (mittleren) Führungskräfte und zukünftigen Vorstände und Aufsichtsräte gehören der Generation X an (geboren von ca. 1965 bis ca. 1980). Diese Generation steht für eine skeptische Grundhaltung und zum Teil auch Perspektivlosigkeit. Immerhin gab es in dieser Zeit die erste „null-Bock-Bewegung" und die Punker mit ihrem nonkonformistischen Verhalten. Daher findet sich beruflich eher eine Ausrichtung auf die Minimierung der Arbeit und des Lernens für das Unternehmen. Private Interessen und Ziele stehen im Vordergrund und ihr Motto lautet eher „Arbeiten, um zu leben".

Die nachfolgende Generation Y (geboren von ca. 1980 bis ca. 1995) schickt sich gerade erst an, Führungskräfte zu werden. Sie engagieren sich und lernen auch dafür, solange dies bezahlt wird. Ihre Grundhaltung kann als optimistisch bezeichnet werden. Bei der jüngsten Generation Z (geboren ab ca. 1995) findet sich eher eine realistische Grundhaltung, die bereits stark von den digitalen Medien geformt wurde und noch wird. Dementsprechend ist die Welt ihr Zuhause und ihre Aufmerksamkeitsspanne niedrig. Was sie tun, tun sie für sich, es muss zumindest Spaß bringen und darf nicht langweilig werden.

In den Unternehmen sind inzwischen diese vier bis fünf Generationen vertreten. Sie alle wollen unterschiedlich angesprochen und geführt werden. Dies stellt die Führungskräfte, die selbst auch in ihrer generationstypischen Umwelt aufgewachsen sind, vor große Herausforderungen. Die der Generation Babyboomer und Generation X angehörenden Führungskräfte sind zum Teil noch den Traditionalisten berichtspflichtig, die jedoch kaum noch die jungen Generationen verstehen. In dieser Situation brauchen die Unternehmen und Organisationen Führungskräfte, die die unterschiedlichen Bedürfnisse und Wünsche der Mitarbeiter und die Notwendigkeiten des Betriebes zusammenführen können. Dies muss auf eine besondere Art und Weise geschehen, damit insbesondere der Generation Y, die heute 25% bis 30% der Erwerbstätigen ausmachen, der Spaß an der Arbeit nicht vergeht. Der Spaß ist ihnen nämlich besonders wichtig, die Karriere steht dagegen hinten an. Es braucht also Führungskräfte mit sehr viel Gefühl für die emotionale Lage der Mitarbeiterinnen und Mitarbeiter.

Aufgrund der biologischen und kulturellen Eigenschaften sind hierbei Frauen klar im Vorteil. Sie lesen die Mimik und Gestik der Mitarbeiterinnen und Mitarbeiter schneller und genauer und können sich aufgrund ihres ausgeprägten „emotional-Mitgefühl-Netzwerkes" besser in diese Menschen einfühlen. Gepaart mit ihrem symmetrischen Kommunikationsstil sind sie besser über die Wünsche, Stärken und Schwächen ihrer Mitarbeiterinnen und Mitarbeiter informiert und können sie daher besser an die betrieblichen Notwendigkeiten angepasst einsetzen. Hierarchisches Denken und Gehabe funktioniert insbesondere bei der Generation Y sowieso nicht.

1. Die „Caring Company" braucht weibliche Eigenschaften

Heute ist der Fachkräftemangel allgegenwärtig. Der Bereich des Gesundheitswesens macht da keine Ausnahme. Im ärztlichen Dienst und zunehmend auch im Pflegedienst haben wir einen Käufermarkt, was bedeutet, dass sich die Mitarbeiterin und der Mitarbeiter den Arbeitsplatz aus einem großen Angebot aussuchen kann. Diese Mitarbeiter werden sich danach entscheiden, wo sie als Individuum die größte Übereinstimmung der persönlichen Werte und Wünsche mit dem Angebot erreichen können. Das bedeutet, dass sich die Unternehmen mehr an den individuellen Mitarbeiterinnen und Mitarbeitern orientieren müssen. Hier ist der „weibliche Kommunikationsstil" meines Erachtens klar im Vorteil, denn damit wird der Mitarbeiterin und dem Mitarbeiter aufgrund der emotionalen Verbundenheit zur Führungskraft bereits auf der Gefühlsebene ein Arbeitsplatzwechsel schwerer gemacht. Natürlich werden auch andere Unternehmensleistungen ins Gewicht fallen, wie z. B. Gehalt, Kindergartenplatz oder Jobticket. Dennoch hat die Umfrage des Bundesverbandes Klinischer Diabeteseinrichtungen e.V. bereits im Jahr 2014[42] gezeigt, dass diese „harten" Angebote zwar gewürdigt, aber doch nicht so wichtig genommen werden, wie die „Soft Factors" im Sinne von symmetrischer Kommunikation, Wertschätzung durch den Vorgesetzten, ein gutes Teamklima, individuelle Anleitung und ausführliche Feedback-Gespräche. Diese Wünsche der Generation Y kommen Frauen eher entgegen, als sie dies den rangorientierten Männern tun.

Die Wirtschaftsunternehmen benötigen also in diesen Zeiten des Fachkräftemangels und der Eingliederung der Generation Y die „typisch weiblichen", vielleicht sogar „mütterlichen" Eigenschaften, um erfolgreiche Teams bilden und halten zu können. Hierin erfolgreiche Unternehmen zeichnen sich dadurch aus, dass sie sich um die emotionalen Bedürfnisse der jüngeren Mitarbeiterinnen und Mitarbeiter kümmern, daher der Name der „Caring Company".

1.1 Weibliche Führung im Praxisbeispiel

In einer Klinik lag Optimierungspotenzial bei den Arbeitszeiten im Pflegedienst vor. Einerseits mussten die Mitarbeiterinnen und Mitarbeiter noch an 11 Tagen in zwei Wochen arbeiten. Andererseits waren die Pflegekräfte in den Zeiten mit Arbeitsspitzen überlastet und in den Zeiten mit weniger Arbeit waren zu viele Pflegende an Bord. Darüber hinaus wurden einige Mitarbeiterinnen und Mitarbeiter bei der Schichteinteilung immer wieder bevorzugt. Das Ergebnis dieser „Tradition" war ein demotiviertes Team, in dem vielfältige Spannungen herrschten.

Meine Motivation war nun, beide Probleme gekoppelt zu lösen. Es sollte die ungerechte Bevorzugung einiger Pflegekräfte beendet werden und gleichzeitig mittels einer neuen Arbeitsorganisation die Abstimmung des Personaleinsatzes mit dem tatsächlichen Arbeitsanfall und Personalbedarf erfolgen. Wir setzten also ein Projekt auf, mit dem zunächst die Zeiten mit Arbeitsspitzen und Arbeitstälern erhoben wurden. Danach sollte sich dann der Personaleinsatz richten und alle Mitarbeiterinnen und Mitarbeiter gleich betroffen sein. Zudem ergab sich aus der Untersuchung und der damit einhergehenden offenen Kommunikation in Form von Teambesprechungen und Teilpersonalversammlungen, dass verschiedene Pflegekräfte Angst vor dem Einsatz im Nachtdienst hatten. Dieses Problem sollte durch die neue Arbeitsorganisation ebenfalls gelöst werden.

Auch hier gab es Mitarbeiterinnen und Mitarbeiter, die den Veränderungsprozess nicht mitgehen wollten. Einige wollten ihre Privilegien nicht abgeben, andere sträubten sich dagegen, dass alle Beschäftigen in einer 5-Tage-Woche eingesetzt werden sollten, damit jede Pflegekraft zwei Tage pro Woche frei hatte. Letzlich sah aber die überwältigende Mehrheit der Mitarbeiterinnen und Mitarbeiter die Vorteile der sich abzeichnenden Lösung. Diese Lösung wurde zwar von mir vorgedacht, jedoch offen im Stationsleitungsteam und auch in den Teilpersonalversammlungen kommuniziert, die Bedenken wahrgenommen, ernsthaft erwogen und die Vorschläge ebenfalls in die Problemlösung einbezogen. So konnte ich eine Aufbruchsstimmung in der Berufsgruppe erreichen, sodass letztlich alle Beschäftigten in der Pflege mitmacht.

Als Lösung wurden rund zwanzig verschiedene Arbeitszeitmodelle erarbeitet, die die verschiedenen Bedürfnisse von Arbeitsanforderung und Personaleinsatz zur Deckung brachten. Das Problem der Angst einiger Pflegekräfte vor dem Nachtdienst konnte mittels eines „Super-

Spätdienstes" behoben werden, wodurch diese Pflege-kräfte sukzessive in den Nachtdienst einbezogen wurden, ohne allein die Verantwortung tragen und die weitgehend ungeübten Arbeitsabläufe ohne Routine ausführen zu müssen. Vor der tatsächlichen Einführung war diese Schichtzeit höchst umstritten und nur über deren Erprobung konnte sich die vormalige Skepsis in Luft auflösen. Danach wurde diese Schicht sogar von vielen Beschäftigen ohne kleine Kinder gerne gemacht. Sie hatten den ganzen Tag zur privaten Verfügung und mussten erst gegen Abend den Dienst antreten. Der nächste Schritt zur Übernahme von ganzen Nachtschichten war dann einfach, zumal möglichst eine routinierte Nachtschwester mit eingeplant wurde.

Der sich über rund ein Jahr hinziehende Changeprozess zeigte, dass sich ein ehrliches Vorgehen unter Einbeziehung der Beschäftigten lohnt. Es zeigte sich aber auch, dass einige Beschäftige diesen Weg nicht mitgehen wollten oder der sich zufällig eine Änderung ihres Arbeitsplatzes ergab. Das ist normal. Jedenfalls war die Kommunikation mit den Mitarbeiterinnen und Mitarbeitern in der folgenden Zeit sehr einfach und direkt, denn sie hatten gelernt, dass sie sich auf mich verlassen und mir vertrauen konnten. Diese Art geführt zu werden und zu arbeiten, sprach sich übrigens schnell herum und es meldeten sich viele Bewerberinnen und Bewerber aus den umliegenden Krankenhäusern. Letztlich zahlte sich damit der Veränderungsprozess aus.

Leider werden Changeprozesse nicht immer positiv gesehen, selbst wenn sie in einer Organisation dringend notwendig sind. Meiner Meinung nach ist dies so zu erklären, dass sich mit einem Changeprozesse das Klima in einer Organisation und damit die informelle hierarchische Ordnung ändern kann. Dies ist den obersten Vorgesetzten oft nicht lieb, denn dann müssen sie sich auf eine neue Situation einstellen, ihre informellen Kommunikationskanäle - man könnte auch Spitzel sagen - sind in Gefahr, zusammenzubrechen. Damit würde ihre eigene Machtposition gefährdet oder sogar zerstört. Allerdings ist diese Denkweise ganz klar egoistisch und steht oft im Widerspruch zu den Notwendigkeiten des Unternehmens. Hier schlägt oft der Unterschied zwischen Frauen und Männern durch. Letztlich geht es den meisten Männern in hoher hierarchischer Position um ihre eigene Profilierung und Sicherheit. Dies folgt zwangsläufig aus ihrer hierarchischen Weltsicht. Erst an zweiter Stelle kommt die Firma.

Frauen hingegen engagieren sich mehr für die Sache und damit für die Firma und deren Mitarbeiterinnen und Mitarbeiter. Ihr Denken ist nicht hierarchisch, sondern von Verbindungen zu Menschen und Ideen geprägt. Sie sind „mittendrin", der Mann „steht darüber". Damit entgehen ihm aber wesentliche Teamströmungen, Ideen, Bedenken usw. Das ficht ihn jedoch nicht an, getreu dem Motto, „was ich nicht weiß, macht mich nicht heiß". Für diese Ignoranz müssen leider letztlich meist die Beschäftigen und Anteilseigner bezahlen, wie bei den zuvor beschriebenen Fusionen. Die männliche Haltung des „ich stehe oben in der Hierarchie und nicht mitten unter den Beschäftigten" ist auch Ausdruck des Mentalitätsmusters „konservative Exklusion" und führt dazu, dass Frauen mit solchem Vorgehen in Veränderungsprozessen, wie im letzten Beispiel beschrieben, nicht als „hart führungsfähig" von den männlichen Vorständen und Aufsichtsräten eingeschätzt werden. Diese verstehen nicht, dass sie mit ihrer letztlich autoritären Haltung vieles in ihren Unternehmen oder Organisationen nicht sehen. Vielleicht wollen sie es auch nicht sehen, weil sie sich dann selbst einschließlich ihrer Gefühle und Motive hinterfragen müssten. Zum Schluss leidet aber das Unternehmen bzw. die Organisation unter dieser Haltung.

Wird ein solcher Mann von einer Frau durch deren Erfolg herausgefordert, so trifft ihn das hart und er kommt in einen Konflikt. Die erfolgreiche Frau bedroht nicht nur seinen hierarchischen Rang, sondern auch noch die Hierarchie als solche, denn dort kommen normalerweise keine Frauen vor. Der Erfolg wurde womöglich von der Spitzenfrau noch mit anderen als den Männern bekannten bzw. „normalen'" Mitteln und Wegen erreicht. Dies stellt praktisch die gesamte männliche Ordnung in Frage und es kommt zum Konflikt und zur Stressreaktion. Diese Stressreaktion kann die Spitzenfrau häufig nicht erkennen, denn der Mann ist normalerweise sehr gut darin trainiert, seine Gefühle zu verbergen, oft sogar vor sich selbst. Prof. Schwanitz beschreibt sogar, dass der Mann die eigene Gefühlswahrnehmung im Initiationsritus verlieren MUSS, um in der Männerhorde zu überleben[44]. So kann es häufiger vorkommen, dass das ursprüngliche Gefühl von Angst nicht mehr korrekt gespürt und zum Beispiel in Wut umgeformt und ausgelebt werden.

In Stressreaktionen laufen stammesgeschichtlich alte und einfache Programme automatisch ab, die ihren Ursprung in der Amygdala (Mandelkern) haben. Bei diesen alten Programmen gibt es nur drei Möglichkeiten: Kampf („Fight"), Flucht („Flight") oder Erstarren, Totstellen („Freeze"). Diese Reaktionen haben sich in unserer biologischen Geschichte entwickelt und waren auch sinnvoll. Die alten Programme sind besonders schnell aktiviert, da der Präfrontale Cortex nicht involviert wird. Bei Stress wird dort das geordnete Muster in den Netzwerken gestört, bis hin zu deren Auflösung. Die direkte Nutzung dieser archaischen Reaktionsmuster waren in der Vergangenheit notwendig. Es hätte für unsere Vorfahren keinen Sinn gemacht, die Mimik und das Verhalten des Säbelzahntigers zu studieren und zu überlegen, ob er gefährlich war. Von diesen Vorfahren stammen wir nicht ab, denn sie wurden vom Säbelzahntiger gefressen.

Über diesen sehr alten Reaktionsmustern liegen die in der Kindheit gelernten Muster. Dies kann zum Beispiel ein Wutausbruch sein, der zum Ziel geführt hat. Wir kennen alle die Szene am Süßigkeitenregal der Supermarktkasse. Schaut man sich die Statistiken der Gewalttaten an[43], so müssen Männer offensichtlich schneller auf diese alten Reaktionsmuster zurückgreifen. Danach entfielen bei Gewalttaten im Jahr 2019 rund 86% aller Tatverdächtigen auf männliche Wesen, vom Kind bis zum Greis. Männer haben offensichtlich einen anderen Umgang mit ihren Gefühlen. Prof. Dietrich Schwanitz vergleicht sie mit einem Teekessel auf heißer Herdplatte, der kein Druckventil hat[44]. Er explodiert, wenn der Druck zu groß ist. Darüber hinaus meint er, dass Männer auch ihre eigenen Gefühle aufgrund des Initiationsritus nicht mehr korrekt fühlen können. So verwechseln sie zum Beispiel das Gefühl der Angst mit dem Gefühl der Wut. Frauen hingegen haben eine andere Art des Umgangs mit ihren Gefühlen. Sie sprechen mit ihren Freundinnen lang und breit darüber und können ihre Gefühle korrekt benennen und zum Beispiel ihrem Ärger mittels Nörgeln kontinuierlich Luft machen. Gleichsam einem Teekessel mit Druckventil, das vor der Explosion einen Teil der heißen Luft ablässt.

2. Die jungen Generationen wollen etwas anderes

In den Unternehmen und Organisationen gehören inzwischen rund 25% der Generation „Y" an, die in der Zeit zwischen ca. 1980 bis ca. 1995 geboren wurde. Wie schon die Generation „X", die zwischen ca. 1965 bis ca. 1980 geboren wurde, unterscheiden sich diese Generationen recht stark von den derzeit die oberen Ränge der Hierarchien prägenden Babyboomer. Der typische männliche, sich über seinen Rang in der Hierarchie definierende „Traditional" und „Babyboomer" hat Probleme im Umgang mit den Angehörigen der Generationen „X" und insbesondere „Y". Diese Generationentypen unterscheiden sich stark aufgrund der Umstände ihres jeweiligen Aufwachsens. So sind die Mitglieder der Generation „X" noch in der analogen Welt aufgewachsen. Smartphones gab es damals noch nicht, sogar das Mobiltelefon kam später. Sie sind mit dem Telefon und in einer Zeit aufgewachsen, in der das Wirtschaftswachstum in Deutschland eine Pause machte. In der Zeit ihrer Ausbildung und des Studiums war Gerhard Schröder Bundeskanzler in Deutschland und hat mit der „Agenda 2010" erhebliche Einschnitte im Sozialstaat vorgenommen. Hier sei nur die Abschaffung des saisonalen Kurzarbeitergeldes und der Ersatz der Sozialhilfe durch Hartz IV erwähnt. Diese Generation hat sich inzwischen egoistisch hochgekämpft und zeigt mit erheblichem Konsum gerne, was sie erreicht hat. Sie benötigt regelmäßiges Feedback im Beruf und möchte die ihr gesetzten Ziele auf eigene Weise erreichen. Ihre größte Belohnung ist die Freiheit und die Möglichkeit, weiter zu lernen. Politisches Interesse ist dagegen wenig zu spüren. Diese Generation wird bis spätestens 2047 in Rente sein und macht heute rund 31% der Erwerbstätigen in Deutschland aus[45].

Die Generation Y macht inzwischen rund 25% der Erwerbsbevölkerung aus. Sie wird von anderen Werten angetrieben. Viele sind bereits als Kind in den Urlaub geflogen und haben in den späten 1990er Jahren das erste Smartphone erlebt. Die Welt ist während dieser Zeit zum globalen Dorf geworden. Gleichzeitig sind Umweltthemen und Themen des fairen Handels wichtig geworden. Diese Kinder waren Wunschkinder, die in den Familien den wichtigsten Platz einnahmen. Daher ist ihnen heute die Selbstverwirklichung sehr wichtig. Sie möchten Spaß bei der Arbeit haben und Karriere ist für sie nicht so wichtig. Sie stellen hohe Anforderungen an die Arbeitsbedingungen, insbesondere an den Teamgeist und an die Kultur des ausführlichen und sofortigen Feedbacks. Dann sind sie leistungs- und lernbereit, wenn auch nur gegen entsprechende Entlohnung. Sie hinterfragen die gestellten Zielvorgaben sehr ausführlich. Sie kommen jedoch schlecht mit Druck und Stress zurecht. Ihre individuelle Flexibilität und die guten Arbeitsmöglichkeiten führen dazu, dass sie jederzeit einen Notausgang für sich finden, wenn der Stress für sie zu viel wird.

Um die Beschäftigten der Generation X und insbesondere der Generation Y im Unternehmen zu halten, braucht es die Verbindung zum einzelnen Menschen, also weibliche Kompetenzen. Insbesondere die Generation Y erwartet quasi eine „Mutter", die sie ein gutes Stück begleitet und mit Rat und Hilfe da ist, wenn der Weg etwas schwierig oder die Aufgabe komplexer wird. Dies gilt umso mehr in den nun anbrechenden Zeitendes Home Office und Mobilen Arbeitens. Der Kontakt muss mit den Mitarbeiterinnen und Mitarbeitern via digitaler Medien gehalten werden. Das „Kümmern" auch um die emotionale Lage der Beschäftigten wird noch wichtiger. Da Frauen in Führungspositionen weniger auf ihre hierarchische Stellung pochen, sondern mit den Mitarbeiterinnen und Mitarbeitern in Verbindung sind, können diese die Generation Y eher zu wertvollen Beschäftigten „erziehen". Die männliche Hierarchie mit ritualisiertem Dominanzgehabe funktioniert bei ihnen nicht mehr. Diese hinterfragt die Generation Y viel mehr als vorherige Generationen. Die Generation Y misst dem Teamgeist im Unternehmen einen besonders hohen Stellenwert bei. Dieser wird in seiner Wichtigkeit sogar höher eingeschätzt als die Vergütung. Das Gehalt hat keinen signifikanten Einfluss mehr darauf, ob die Generation Y beim Unternehmen bleibt. Es hat nur die Funktion, den Lebensstil zu finanzieren und dieser Lebensstil ist sehr individuell. Konsum hat keinen großen Stellenwert mehr. Dies sieht man bereits daran, dass viele Menschen der Generation Y kein eigenes Auto mehr haben. Dieser Trend setzt sich bei der nachfolgenden Generation Z noch stärker fort, denn sie ist als „Digital Natives" mit Smartphone und den Möglichkeiten von Uber, Carsharing usw. aufgewachsen.

Allerdings muss beachtet werden, dass die zugrunde liegenden Untersuchungen der vorgenannten Generationen nur Deutschland umfassen. Vielleicht weisen noch die deutschsprachigen Länder Österreich und Schweiz ähnliche Erwartungen der Generationen Y und Z auf. Außerdem sind sie in Zeiten von nahezu Vollbeschäftigung durchgeführt worden. Es wird sich zeigen, ob die Charakteristika der Generationen auch unter anderen Rahmenbedingungen, wie sie die sich zur Zeit eintrübende Konjunktur mit sich bringt, ausprägt oder auch wandelt. International mag zudem die Situation vollkommen anders aussehen, denn in den USA oder China lagen und liegen andere Bedingungen für die Generationen Y und Z vor. Es ist noch nicht entschieden, welche Charaktereigenschaften den Generationen im globalen Wettbewerb Vorteile oder Nachteile bringen werden.

3. Die Wünsche der Generationen Y und Z in Deutschland – biologische Grundlagen

Die Generationen Y und Z sind die ersten Generationen, die ganz klar auch bei der Arbeit mit anderen Menschen verbunden sein wollen und sich gleichzeitig selbst verwirklichen, also „wachsen" wollen. Sie haben derzeit gute Chancen, dass sich Unternehmen und Organisationen darauf einstellen werden (müssen), da qualifizierte junge Mitarbeiterinnen und Mitarbeiter rar sind. Wie bereits beschrieben, reagieren diese Generationen eher positiv auf Bindung und brauchen gleichzeitig die Freiheit sich selbst zu entwickeln. Diese scheinbar konkurrierenden Bedürfnisse haben jedoch alle Menschen. Alle Menschen waren vor ihrer Geburt unauflöslich im Mutterleib mit ihrer Mutter verbunden und haben gleichzeitig die Erfahrung gemacht, unablässig zu wachsen und sich zu entwickeln[46]. Dieses Gefühl ist ihnen bekannt und will stets wiedererlangt werden. Erst die ab der Geburt gemachten Erfahrungen können diese beiden Bedürfnisse – Verbundenheit und Wachstum - vermindern oder auslöschen.

Heute wird Frauen die Befriedigung der Bedürfnisse von Verbundenheit und Wachstum kulturell weniger zugestanden als dies bei Männern der Fall ist. Durch die Bewegung des Feminismus und die höhere Anzahl von gut und sehr gut ausgebildeten Frauen wird diese – alte - Kultur derzeit zwar erschüttert, dennoch brauchen Frauen vermehrt Vorbilder in der Arbeitswelt, die ihr zeigen: Frauen schaffen es - auf eine andere Weise, mit anderen Verhaltensweisen als Männer! Dieser Prozess scheint derzeit zu beginnen. Die Diskussion um die Frauenquote in Vorstandspositionen und auch in den politischen Parteiämtern spiegelt dies meines Erachtens wider. Dennoch kommt es immer wieder zu Rückschlägen durch die sich gegenseitig unterstützenden Männerseilschaften wie, zum Beispiel bei der Verlegerin Barbara Laugwitz. Sie wurde vom Rowohlt-Verlag kurzerhand ohne Begründung gekündigt - trotz ihrer guten Arbeit und Bestsellererfolge. Sie hatte sich nicht um die firmeninternen Intrigen gekümmert, sondern die Sacharbeit im Verlag in den Mittelpunkt gestellt. Hinter ihrem Rausschmiss standen wohl Männer, die die Pfründe unter sich aufteilen wollten. Es ging ihnen dabei offenbar weniger um die Sache des Verlages[47]. Dies deutet wiederum darauf hin, dass es Männern in erster Linie um die eigene Position in der männlichen Hierarchie geht. Kluge und erfolgreiche Frauen stören dabei nur, denn dann müssten sich die Männer insbesondere am Erfolg des Unternehmens messen lassen und zwar in den Dimensionen finanzieller Erfolg, dem Erfolg bei der Fachkräftegewinnung und dem Halten von guten Mitarbeiterinnen und Mitarbeitern.

4. Die Caring Companies haben einen Wettbewerbsvorteil

Wir brauchen sicherlich vermehrt weibliche Vorbilder in den hohen Positionen der Gesellschaft und Wirtschaft. Eine Bundeskanzlerin, die die männlichen Rang- und Machtspiele für sich selbst perfektioniert hat, ist weder richtig, noch genug. Dazu braucht es die kulturelle Transformation durch die Annahme von „weiblichen" Eigenschaften in den hohen und höchsten Positionen. Es braucht meines Erachtens sozusagen eine Transformation vom Streben nach einer hohen Rangposition hin zu einer hohen „Respektposition". Diese Respektposition gründet auf dem langfristigen Erfolg des Unternehmens. Dazu gehört dann auch der positive Umgang mit den Mitarbeiterinnen und Mitarbeitern, die letztlich die finanziellen Erfolge erwirtschaften. Eine innere Haltung, die ausschließlich auf dem Status oder dem hierarchischen Rang basiert, wird keine langfristigen Erfolge erzielen können.

Inzwischen findet sich unter den Beschäftigen der Generation Babyboomer und Generation X eine einigermaßen größere Anzahl von Frauen, die es weit nach oben geschafft haben[48]. Diese Frauen sind heute meist um die 50 Jahre alt und älter. Diese sogenannten „Silver Ager" sind deutlich zufriedener mit ihrem Berufsleben als jüngere Frauen. Sie sind gelassener und auch körperlich gesünder. Das mag an den gehobenen Positionen mit überdurchschnittlichem Verdienst und an den damit verbundenen Möglichkeiten der sinnvollen Gestaltung der Arbeit liegen. Ältere Frauen als Vorgesetzte sind geübt in weiblicher

Kommunikation, die die jungen Mitarbeiterinnen und Mitarbeiter bindet und gelassener und fürsorglicher im Umgang mit ihnen. Dies ist eine optimale Voraussetzung für die Etablierung einer „Caring Company", die in Zukunft über den Sieg im „War for Talents" mitentscheiden wird. In Deutschland suchen sich derzeit junge gut ausgebildete Menschen ihren Arbeitsplatz sehr bewusst aus und dabei spielt das Betriebsklima und der faire Umgang miteinander eine immer größere Rolle. Im Bereich des Krankenhauswesen existieren bereits Beispiele für Caring Companies. Insbesondere kleine Krankenhäuser mit unvollständiger Weiterbildungsermächtigung leiden unter dem Bewerbermangel von Assistenzärztinnen und Assistenzärzten. Es ist ein großer Wettbewerbsvorteil, wenn die ärztliche Weiterbildung im Rahmen einer regionalen Krankenhauskooperation organisiert wird. Dies kann auch ein Mittel sein, den Assistenzärztemangel insbesondere in ländlichen Krankenhäusern einzudämmen.

5. Was brauchen wir zukünftig in der Gesellschaft und im Wirtschaftsleben?

Die Gesellschaft wird immer weiblicher, allein schon weil mehr Mädchen als Jungen geboren werden und die Lebenserwartung der Frauen mit rund vier Jahren über der der Männer liegt. Männer sind eindeutig das schwächere Geschlecht. Die Zahl der natürlichen Aborte von männlichen Föten liegt höher als die von weiblichen. Bei den nachgeburtlichen Problemen liegen die Jungen ebenfalls vor den Mädchen. Jungen sind von Geburt an schneller emotional aktivierbar und haben auch eine schwächere Konstitution. Sie benötigen einen stärkeren im Außen befindlichen Halt. Prof. Dr. Hüther sieht in der stärkeren Außenorientierung der Jungen auch den Bedarf an starken Vorbildern und Statussymbolen, die auf die innere Stärke des Jungen bzw. Mannes abfärben soll[49].

Was braucht es also in unserer Gesellschaft, damit beide Geschlechter ihre Fähigkeiten entfalten können? Es braucht weibliche Vorbilder, an denen sowohl Frauen als auch Männer lernen können. Es braucht neue Erfahrungen im Umgang mit Mitarbeiterinnen und Mitarbeitern, die sowohl das Bedürfnis nach Bindung und das Bedürfnis nach persönlichem Wachstum befriedigen können. Um alle diese Bedingungen erfüllen zu können, ist eine klare gesetzliche Frauenquote nötig, bis insbesondere Männer gelernt haben, dass Frauen ihre Aufgaben ebensogut erfüllen, aber eben manchmal auf eine andere, direkt dem Menschen zugewandte Art und Weise. Ich bin inzwischen zuversichtlich, dass sich aufgrund der demographischen Entwicklung und der meist weiblichen Hochschulabsolventinnen fast automatisch eine Frauenquote ergibt, da sich anders die Positionen nicht mehr adäquat besetzen lassen. Das erinnert mich allerdings auch an die Situation während des zweiten Weltkrieges, in dem die Frauen zuhause das Überleben organisieren mussten. Es wurde nicht nach dem Geschlecht gefragt, denn es gab keine große Auswahl an Arbeitskräften. Nach der Heimkehr der Männer wurden allerdings viele dieser qualifizierten Frauen wieder zurück an die Kochtöpfe verbannt. So etwas darf nicht wieder geschehen.

Die Frauen müssen sich ihrer Fähigkeiten und Kompetenzen bewusst sein und ihren Platz an der Spitze auch klar einfordern und dies mit ihren Erfolgen in der Sache begründen.

Am Besten wäre natürlich ein respektvolles Miteinander der verschiedenen Geschlechter an der Spitze, denn wirtschaftlich bringt dies für das Unternehmen den höchsten Gewinn. Bei der gemischtgeschlechtlichen Spitze müssen aber auch beide Geschlechter die unterschiedlichen Verhaltensweisen kennen und damit gut umgehen können. Deshalb braucht es heute spezielle Führungskräfteseminare für Frauen, in denen erklärt und geübt wird, wie unterschiedlich Frauen und Männer mit Macht umgehen, welche unterschiedliche Wertigkeit Statussymbole für Frauen und Männer haben und wie unterschiedlich kommuniziert wird. Wir Frauen müssen meines Erachtens dabei den Takt angeben, denn kein Mann wird freiwillig auf seine Pfründe oder seinen Status verzichten. Es geht darum, dass frau ihre Möglichkeiten auszuschöpfen lernt und die Mißverständnisse so gering wie möglich hält. Sie darf sich auch nicht vom männlichen Gehabe einschüchtern oder abspeisen lassen. Derzeit wird in Führungskräfteseminaren so getan, als gebe es keine Unterschiede zwischen den Geschlechtern. Erst langsam wird hier berücksichtigt, dass Frauen anders als Männer „ticken". Die Seminare sind bisher auf die männlichen Verhaltensweisen ausgerichtet und so lernen dann Frauen, sich männlicher als ihre männlichen Kollegen zu verhalten, um die Karriereleiter heraufzuklettern. Damit machen sie sich dann allerdings wieder angreifbar. Die Frau ist in der männlichen Falle gefangen. Daher müssen die Karrierefortbildungen die geschlechtlich unterschiedlichen Verhaltensweisen berücksichtigen, damit Frauen UND Männer neue Erfahrungen machen können und sich ihrer beider Verhalten ändern kann. Das würde uns als gemischtgeschlechtliche Gesellschaft wirklich nützen.

Literatur:

1) Focus, 29.06.2019; Mobbing wie anno machomal: warum die einzige Frau im BA-Vorstand jetzt gehen soll

2) Destatis, Abiturienten 2014

3) Daten-Portal des BMBF, Tabelle 2.5.9

4) Frauen in Führungspositionen Barrieren und Brücken, Studie im Auftrag des Bundesminsiteriums für Familie, Senioren, Frauen und Jugend, Sinus Sociovision GmbH, Prof. Dr. Carsten Wippermann, Heidelberg 2010

5) Selbstverständnis und Rolle von Personalberatungen bei der Besetzung von Führungspositionen, Prof. Dr. Carsten Wippermann, Penzberg, djbZ 2/2013

6) Miteinander reden 1 (Störungen und Klärungen), Friedemann Schulz von Thun, Berlin 1981

7) Männer – eine Spezies wird besichtigt, Dietrich Schwanitz, Frankfurt 2001

8) RP-online.de, 24.06.2012

9) Aktionsrat-Bildung, Dokumentation 2009

10) Working together, Frank and Sharan Barnett, Berkeley, USA 1988

11) Mixed Leadership, Ernst & Young 2012

12) Management - Grundlagen der Unternehmensführung, Steinmann/Scheyögg, Wiesbaden 1997

13) Muster im Kopf, Friedhelm Schwarz, Hamburg 2006

14) Geist & Gehirn, BR alpha und Auditorium Netzwert 2006, DVD Nr. 1, Titel 4, Prof. Dr. Dr. Manfred Spitzer

15) Die Gehirnforschung und ihre Bedeutung für Pädagogik, Psychotherapie und Trauma-Arbeit, Prof. Dr. Gerald Hüther, Die Zukunft des Lernens, Vortrag auf der NEURO 2008 in Weggis, Auditorium Netzwerk 2009

16) Neurobiologie des Glücks, Prof. Dr. Gerald Hüther, Kongress des Tiroler Instituts für Logotherapie ins Wels 2012, Auditorium Netzwerk 2013

17) Das männliche Gehirn, Louann Brizendine, Hamburg 2010

18) Wenn das Krokodil ins Lenkrad greift, Friedhelm Schwarz, Hamburg 2004

19) Das männliche Gehirn, Louann Brizendine, Hamburg 2010

20) Männer- Frauen; Mehr als der kleine Unterschied?, Vera Birkenbihl, Vortrag 2005 (MIB Best Entertainment AG)

21) Richard Wrangham, Udo Rennert, Feuer fangen: Wie uns Kochen zum Menschen machte - eine neue Theorie der menschlichen Evolution; München 2009

22) Gewöhnlich oder pathologisch? Wie genetische Variationen Furcht und Angst beeinflussen; Dr. Kay Jüngling,

Vortrag beim Symposium im Turm der Sinne, Fürth 2018, Auditorium Netzwerk, Müllheim/Baden 2019

23) Prof. Dr. Kurt Grammer, „Mann, Frau Gehirn – Geschlechterdifferenzen und Neurowissenschaft", Vortrag beim Symposium im Turm der Sinne, Nürnberg 2010, Auditorium Netzwerk, Müllheim/Baden 2011

24) Science, Vol. 328, Ausgabe 5984, 11.6.2010, zitiert nach www.Scinexx/news/biowissen/oxytocine-das-geschlecht-macht-den-Unterschied

25) PNAS, 16.02.2016, Shan Gaoa, Benjamin Beckera, Lizhu Luoa, Yayuan Genga, Weihua Zhaoa, Yu Yina, Jiehui Hua, Zhao Gaoa ,Qiyong Gong, Rene Hurlemannd, Dezhong Yaoa, and Keith M. Kendricka: Oxytocin, the peptide that bonds the sexes alsodivides them

26) CPI Transparency International, Ranking 2018

27) Macht und Korruption; Prof. Dr. Dr. Spitzer, Geist und Gehirn, Staffel 9, Nr. 18

28) Hirnforschung für Führungskräfte; Prof. Dr. Dr. Spitzer, Vortrag im Seminar von Circle, Wien 2013, Auditorium Netzwerk, Müllheim/Baden 2014

29) Männer- Frauen; Mehr als der kleine Unterschied?, Vera Birkenbihl, Vortrag 2005 (MIB Best Entertainment AG)

30) Prof. Deborah Tannen, Du kannst mich einfach nicht verstehen, 2012

31) Wissenschaft, 12.12.2002

32) Das männliche Gehirn, Louann Brizendine, Hamburg 2010

33) Beiträge zur Gesundheitsberichterstattung des Bundes, Gesundheitliche Lage der Männer in Deutschland, Kapitel 3: Wie gesund lebt „Mann", Berlin 2014

34) Abendzeitung, Statistik: wann sich Männer und Frauen verletzen, München 02.01.2014

35) Prof. Dr. Kurt Grammer, „Mann, Frau Gehirn – Geschlechterdifferenzen und Neurowissenschaft", Vortrag beim Symposium im Turm der Sinne, Nürnberg 2010, Auditorium Netzwerk, Müllheim/Baden 2011

36) Prof. Dr. Onur Güntürkün, „Frauengehirn – Männergehirn. Wie die Gerhinde beider Geschlechter von Natur und Kultur geformt werden", Vortrag beim Symposium im Turm der Sinne, Nürnberg 2010, Auditorium Netzwerk, Müllheim/Baden 2011

37) Prof. Dr. Kurt Grammer, „Mann, Frau Gehirn – Geschlechterdifferenzen und Neurowissenschaft", Vortrag beim Symposium im Turm der Sinne, Nürnberg 2010, Auditorium Netzwerk, Müllheim/Baden 2011

38) Prof. Dr. Onur Güntürkün, „Frauengehirn – Männergehirn. Wie die Gerhinde beider Geschlechter von Natur und Kultur geformt werden", Vortrag beim Symposium im Turm der Sinne, Nürnberg 2010, Auditorium Netzwerk, Müllheim/Baden 2011

39)   https://www.bmwi.de/Redaktion/DE/Infografiken/Wirtschaft/frauen-in-fuehrungspositionen-eu-vergleich.html

40) Prof. Dr. Gertrud Höhler, Wölfin unter Wölfen, München 2000

41) Prof. Dr. Christian Scholz, Generation Z – Willkommen in der Arbeitswelt

42) Umfrage des BVKD e.V. gemeinsam mit Prof. Margit Geiger, Bad Lauterberg/Bochum 2014

43) Polizeiliche Kriminalstatistik Bundesrepublik, Deutschland PKS-Kompakt 2018, Gewaltkriminalität, 1. Ausgabe, V 1.0

44) Männer – eine Spezies wird besichtigt, Dietrich Schwanitz, Frankfurt 2001

45) https://www.demografie-portal.de/SharedDocs/Informieren/DE/ZahlenFakten/Erwerbsbevoelkerung_Altersgruppen.html

46) Prof. Gerald Hüther, Neurobiologie des Glücks, Vortrag zum Kongress des Tiroler Institus für Logotherapie in Wels, 2012, Auditorium Netzwerk 2013

47) Zeitschrift „Der Spiegel", Nr. 42/12.10.2019, Seite 124-127

48) Zeitschrift „Focus", Nr. 34/19, 17.08.2019, Seite 65

49) Prof. Gerald Hüther, Die Gehirnforschung und ihre Bedeutung für Pädagogik, Psychotherapie und Trauma-Arbeit, Vortrag beim Kongress NEURO 2008 in Weggis, Auditorium Netzwerk 2009

FSC
www.fsc.org
MIX
Papier | Fördert
gute Waldnutzung
FSC® C083411

Zeitfracht Medien GmbH
Ferdinand-Jühlke-Straße 7
99095 Erfurt, Deutschland
produktsicherheit@kolibri360.de